九年一貫課程之展望

中華民國課程與教學學會◎主編

作者簡介

◎林生傳

國立高雄師範大學教育系教授

◎周淑卿

國立新竹師範學院初等教育系副教授

◎范信賢

台灣省國民學校教師研習會助理研究員

◎張子超

國立臺灣師範大學環境教育研究所所長

◎張嘉育

國立台灣師範大學教育學博士

◎康自立

國立彰化師範大學工業教育系教授

◎許世卿

國立彰化師範大學工業教育系博士班研究生

◎楊洲松
國立台灣師範大學教育學博士

◎蔡清田
國立中正大學教育學程中心副教授

◎謝小芩
國立清華大學通識教育中心副教授

序言

　　我國國民教育課程缺乏一貫性與統整性，內容多所重複且脫離學生生活經驗，徒增學生無謂的學習負擔，導致學生學習困難，向來為各界所詬病。去年九月，在社會各界的殷切期盼下，教育部公佈「國民教育階段九年一貫課程綱要總綱」，將國小六年與國中三年合為九年總體規劃，並決議以「學習領域」取代現行切割零碎的教學科目，提供學校課程發展的彈性，試圖藉此解決國內盤根錯節的國民教育問題。

　　面對此一重大課程變革，本會自去年六月起，即以「九年一貫課程」為題，主辦多場研討會，希望藉此擴大社會的參與、匯集各方教改智慧、凝聚改革共識。今年度更以「九年一貫課程之展望」為年刊主題，廣向學者專家徵文邀稿。經過審查修訂後，共輯得論文八篇出版，包含的層面有：九年一貫課程的學理基礎、課程與教學設計、教材發展、與教師專業發展、學生主體性之關係等。希望藉此釐清九年一貫課程的理念，同時有助於未來的課程實施。

　　最後，本書得以問世，除需感謝各篇作者惠賜鴻文及學者專家辛勞審查外，本會諸位理監事對主題與內容提供許多寶貴的意見，秘書長沈姍姍教授、出版組周淑卿教授及秘書處行政秘書蔣嘉媛小姐和葉興華小姐，協助本書之出版，備極辛勞、

功不可沒，特此致謝。另外，揚智文化事業股份有限公司葉忠賢總經理與林新倫副總經理慨允本書之出版，賴筱彌小姐協助整理、校對與編輯出版事宜，在此一併致謝。

　　本書出版匆促，倘有疏漏之處，尚祈方家不吝指正。

黃政傑 謹識

中華民國課程與教學學會理事長

中華民國八十八年六月

目錄

第一章
九年一貫課程的社會學評析

林生傳

前言

　　國民教育的課程，使國民中、小學生經此課程循序漸進學習之後，順利成爲社會所預期的國教畢業生，能夠有效適應現在社會的生活，並能在未來的世界裡面成爲有效的公民。所以國民教育階段的課程與我們社會的過去、現在、與未來都有密切的關係。本文分析八十七年九月教育部發佈的「國民教育階段九年一貫課程總綱綱要」所規定的課程之主要內涵與特色，再探討本次設計與修訂的社會背景與淵源，復由社會學的觀點建立社會學的理論，並加以評析。

　　首先，必須點出的是，本次課程的修訂是在相當匆忙而短促的時間內提出的。無論就其與現行課程的施行時間的間隔，或就其研訂時程而言，均給人一種相當緊急而迫切的觀感。現行國民小學課程係於1993年公佈，1996年實施，國民中學課程則是於1994年公佈，1997年實施；這一次「九年一貫課程總綱綱要」則是只經過若干次會議研議即定案，並預訂在一年內擬妥公佈各領域之課程教材綱要，然後開放民間出版商於一年內據之編印教科書，於2000年9月送審，並於2001年8月公佈審查通過之教科書，供各學校選擇使用。九年一貫課程綱要，於1998年9月30日發佈，離現行課程之實施僅相隔一年，而計畫實施又如此倉促，未知所爲那樁？尤其現行課程標準並未見在技術方面與行政方面有重大差錯。且現行課程標準當初的修訂，比諸前幾次的修訂，夠稱嚴謹愼重。總綱研訂及各科課程標準悉經理論分析，問卷調查，並舉辦過多次的公聽會，廣徵各方的意見才定奪的。孰料，其有效實施期間竟是如此之短暫！出人意料？！

九年一貫課程是在什麼樣的背景之下逼得不得不趕快催生：它改革的主要重點與內涵為何？其方向是否正確？是否合乎社會發展的趨勢？是否符合教育社會學學理？如何能夠克服早產的先天不足，真正實踐？本文將逐一循序分析評述。

九年一貫課程的主要內涵要點

　　依1998年9月30日教育部發佈的「國民教育階段九年一貫課程總綱綱要」，九年一貫課程的基本理念在培育具備人本情懷、統整能力、民主素養、鄉土與國際意識，以及能終身學習的國民。考其有關課程目標、課程結構、與課程設施，最主要的有下列要項。第一、九年一貫課程標榜國民教育階段的課程在培養現代國民所需的基本能力。第二、採取統整課程，國民教育階段之課程，應以個體發展、社會文化、及自然環境等三個面向，提供「七大學習領域」為學習之主要內容，學習領域成為課程內容，取代傳統的分科課程。第三、國民教育階段課程各領域除列有必修課程外，增加彈性課程的時間，由各學校設計提供必修課程。第四、國民中學與國民小學的課程不再分為兩階段，而要連貫為九年課程。第五、減少課程內容並加強組織。

　　依此，「九年一貫課程總綱綱要」所訂的課程修訂的要略可歸約為：

1. 提出「基本能力」為課程學習目標。
2. 實施「統整課程」，擬以「學習領域」取代傳統科目本位的分科課程。

3.「彈性課程」的設置。

4.力求九年一貫。

5.發展學校本位課程。

這是一個大膽的修訂，上述各項一一皆屬根本性的改造。內容如此豐富，性質又如此特殊的改變，是否就是教育部迫不及待，在倉促之間，未取得教界及社會各界的了解與支持，即急急忙忙推出九年一貫課程的緣故！還是有人擔心一公諸於教育界、學術界就無法跑壘成功！？還是在內部禁不止壓力團體的壓力之下，不能不推出的「牛肉大餐」！？

九年一貫課程的背景

台灣近十年來社會文化各層面均經極為急遽的變遷，又面臨新世紀即將來臨，無論回顧或前瞻，無不充滿著疑惑、憧憬、與不安，於是批判傳統，顛覆習俗，標新立異，高喊批判，大倡改革，非屬意外。最突出的也是最重大的，政治方面的根本性改革，如所眾知的，我們已經歷一場「寧靜革命」（Silent revolution），整個政治的結構已經歷了一次重大的改變，威權政治體制已因而解體，再建成為更自由民主的體制，整個政治生態也已完全改觀。無論這次改革，是否已使我們的政治臻於理想，改革畢竟是事實，改變之後，政黨政治已渾然形成。在改革的過程當中，是否為求取成功，合縱連橫，各種勢力或明或暗，互相結合，相互利用，致形成特殊的共生結構，這種特殊的社會結構與教育改革的關聯性如何？教育是否也被視為一種籌碼，被玩弄於權力遊戲之間？！改革是否具有

太過濃烈的政治色彩？！課程改革是否只是政治的圖騰？或爲遂行政治目的之手段？抑或教育改革被視爲是一種補偏救弊，實現心靈改革的手段與良方？有待觀察與省思。

　　台灣的經濟，自1953年代起，連續推動五次的四年計畫，及後來的六年計畫，由農業經濟順利轉化爲工商業經濟，由勞力密集的手工業的產業轉化爲技術密集的科技產業。一路走來，大部分尚十分順暢，譽爲「經濟奇蹟」（economic miracle）。無論「亞洲四小龍」「亞洲七小龍」，皆榮躍其榜上。惟近幾年，亞洲金融風暴吹襲，一條條的小龍受傷慘重，幾度危在旦夕，令人憂心。日本、韓國、新加坡、香港、馬來西亞、與印尼，莫不如此。台灣尚稱倖免，受傷較輕。可見台灣經濟體質較佳，應是在發展過程中，「企業之母」細心呵護，建立有較強的免疫力的緣故。不能不欽佩企業前輩過去的眼光遠大，苦心經營。同時在此一發展歷程中，「公平的教育」體制，拔擢栽培人力，所發生的「選擇」（selection）功能，滿足經濟人力市場的需求，功不可沒。然而，危機未過，且正在發燒當中，部分學界業者已擔心後天如果不加珍惜，任意蹧蹋，再好的先天體質與免疫系統仍然難逃病魔，也難免財經的風暴，跡象已經顯露。經濟發生危機，最容易使人把它與教育連在一起。英國八十年代，英鎊貶值，經濟競爭力衰微，于是有「國定課程」之頒行；美國七十年代起，經濟衰退，于是有「a nation at risk」的暮鼓晨鐘，且要求教育改革。我國正對面臨的危機對症下藥？會有效？也有人認爲教育要負其責，因此應作根本改革才能提高競爭力，重振經濟發展的雄風。課程改革是否與此有關？

　　再就文化方面來說，台灣的文化是移民移植來的文化。在光復之前，四百多年來，由於荷蘭人、西班牙人及日本人，先

後侵佔，尤其日本人佔據期間大力推行奴化教育，使外來的文化取得優勢，成為台灣的主流文化，如日本文化在老一輩的心中極為深刻，留下永難磨滅的印象。相對地，原住民已被打壓成化外之民，他們的文化早已消聲匿跡；而「河洛文化」與「客家文化」亦僅只並存於民間，流為地方型文化，聲勢相對消弱。且由於日本人的「大男人主義」的影響，女性地位更低，女性文化亦隱而不顯。迨至光復，尤其大陸淪陷，政府遷台之後，致力復興華夏文化，以中興漢室，光復神州相號召，中原大漢文化蔚為文化主流，台灣原住民文化及早期台灣移民帶來的河洛文化、客家文化經長期與外來文化互相激盪結果，所孕育出來的台灣本土文化仍然處於隱晦時期。然而，1970年代以後，由世界局勢的演變及國內情勢的發展，本土文化在長期沈寂之後已寂然思動，一方面亟欲擺脫外來文化的打壓霸道，產生強烈的自我民族意識；一方面又不滿一統獨大之大漢文化完全掩蓋了本土文化。本土文化開始萌芽，逐漸地呈現宛如野花般綻放的局面。民歌開始在大學校園風行起來，取代外來歌曲改寫的傳統流行音樂；鄉土文學作品已陸續寫作刊登發表；不同族群的語言不再被禁絕；各族群的節慶視為重要活動，政府官員代表皆樂於參加。類此，各族群的文化頓然活絡起來，隨著政治的解嚴，社會控制鬆弛，各族群由主流文化強予融化與同化的牽制中解脫出來，而認可並欣賞自己的文化，走向多元文化的趨勢之中。於是多元文化互相競爭的態勢逐漸表面化，不再諱言文化霸道，文化宰制（cultural arbitrary）；在教育上逐漸開始對於各級教育的課程與教科書的內容加以分析，並批判檢討。從小學到大學的課程陸續提出，不少的增刪改訂，彼起彼落，課程內容份量因而不但加重，學生肩膀相應加重，而且倚重倚輕，是否公平？爭議不斷，難得公允，真是

弔詭異常。此次教育部急於課程改革是被動承受壓力下的不得已之作，抑是抽離弔詭之計？還是決策當局釜底抽薪之策？抑或辯証手法的運用？！耐人深思。

在政治寧靜革命的歷程中，社會隨著經歷很大的急遽轉變，教育由於老成持重的特性，被認為是改革的最大阻力，非強予連根拔起不可。尤其教育之母的師範教育更是禍首，所受的打壓也最大。因此，教育改革之聲四起，民間教改者開其鋒，繼則「行政院教育改革審議委員會」踵其後，朝野齊聲教改，以教育改革為時髦，接著連學術界都同聲附和，在教育改革的建議中一個極大的訴求，就是國民教育教材太多，分量太重，科目複雜又多，是教育失敗的原因，故在教育改革總諮議報告書中，具體建議應革新課程與教學；其要點主要者有（行政院教育改革審議委員會；民85年，頁38）：第一，國民中小學課程，應以生活為中心。第二，建立基本學力指標，為建立課程綱要的最低規範，以取代現行課程標準，使地方、學校及教師能保有彈性的空間，因材施教或發展特色。第三，積極統整課程，減少學科之開設，並避免強調系統嚴謹之知識架構，以落實生活教育與身心發展的整體性。第四，減少正式上課時數，減輕課業負擔，增加活動課程，對生活上的重要課題，整合於各科教學與活動中。

與教育部九年一貫課程綱要對照，可見這次課程改革類多依「教育改革審議會」報告書的建議。此次課程改革是否在教育改革的壓力之下，毫無選擇地屈服於教育壓力的急就章？

課程改革的社會學分析

　　社會是一個完整的結構，由許多部分構成的。到底由那些部分組成，各部分呈現什麼樣的關係，各部分之間是相輔相成而呈現一片和諧？還是相擷相抗，而達成妥協的暫時性平衡？此一結構是一個靜態的狀態？還是一個動態的狀態？不同的學者，有不同的見解，而不同時期或社會不同發展階段，社會結構也有不同的特色。不同的社會結構，教育制度不同，課程需求也不同，也發揮不同的功能。權力，是維繫社會結構逐行功能的一種力量，用以組織、結合、協調人們，合理分工合作，群策群力，以充分利用資源，逐行期求的目標。權力如何取得？如何分配？如何使權力分配合理有利於組織效能的提高與資源的利用，又能互相制衡而不藉以為所欲為，重視個人的人格尊嚴與潛能的開發？在不同社會與同一社會的不同發展階級，有不同的思考方式與設計。不同的權力分配方式可能影響到知識的界定、分配與控制；反之，亦然。知識是文明社會的創作與資源，也是人類適應環境的憑藉，知識如何產生？如何授受？是先認知者存在，由科學家或先知先覺者發現？再由教師傳授給學生；還是知識是建構杜撰的？如是建構的，是科學家的專利？還是人人皆能建構？知識的規範與控制，對認知與知識的見解隨著社會的變遷而有不同的建構。類此，社會的結構、組織、權力、資源、知識與互動皆可能發生影響或決定作用於學校教育的目的、功能、制度、課程與教學。茲依此等概念評析九年一貫課程改革的意涵。

「一」的教育與「多」的教育之反映

　　社會結構，不斷地在變遷，不同社會學家對社會變遷的理論雖然不盡相同，但大部分的社會學家都會同意，社會結構係循簡單而趨向複雜來演變，由關係單純而變為複雜。例如，社會學大師涂爾幹（Emile Durkheim）認為由「機械連帶」（mechanical solidarity）而演變成「有機連帶」（organic solidarity）的社會（Durkheim, 1956）；斯賓斯（Herbert Spencer）則更認為社會可類比為生物，社會變遷如同生物演化，不斷地由簡單而演進成為複雜的社會。

　　涂爾幹認為社會是一個真實的存在體（areal entity），與自然之存在，個人之存在，一樣真實，且也有其共同的需求與集體的意識（societal needs & collective conscience）。不同階段的社會或不同種類的社會，社會需求與集體意識不盡一致，滿足此等需求與社會集體意識的制度與作法也不會一致，所以沒有完全相同的教育制度。隨著社會的性質與需求不同，教育的改革也就隨時隨地都在進行著。

　　涂爾幹更進一步分別教育有其「單一相」（the one），也有其「多面相」（the manifold）；尤其現代社會是基於分工（the division of labor）為主軸所建立起來的社會。為適應分工之專門化（specialization）、專業化（professionalization）的需要，教育反映此種社會需求，也不斷趨向多元化、多樣化與複雜化。同時，有機化與共同相互依賴性（interdependence）的必要性也大為提高。個人在社會生活裡面，也不斷處遇於多樣的不同的情境裡面。因此，在分殊化、專門化的多樣教育之上，有更求統整的趨勢要求。

　　各個不同行業的團體，居於不同職位的人們，分配於不同

的階級，各擁不同專長的專家，不同黨派、不同教派的黨友、教友，所接受的教育不一，是符合功能需求的事實與設計。然而，同處一社會之中，同屬於人類社會，在某一層次之上，必有共同的性質與共通的特性與一致的關心，例如，對人權的尊重；利用便於溝通的傳播工具；對生命與自然的尊重；對宗教的信仰；進步科技的利用；對於人類現在與未來延續的關懷等。如若缺乏此等特性與情懷或技巧，將不足以稱之為社會人（Social being）。

涂爾幹說的就是教育有多樣的一面，也有單一的一面，正反映社會的結構與功能需求。當現代社會由「機械連帶」走向「有機連帶」的社會，課程的分化與統整的消長變化也反應社會結構的演變。

我們現代的教育發展，正配合社會結構的發展，愈益分化，學校的類型愈來愈多，學習的課程內容也越來越複雜，各種各類的學校教育以發展資質不同、性向不同、志趣不同的學生，滿足社會的需求。正符合涂爾幹的多相教育理論。另一方面，分化、複雜化的結果，激起統整的需求，即是涂爾幹所主張的「一」的教育理論。不論如何分化，複雜化，一定有求其完整的必要，以協同結合整個社會所有的組成分子；使個人間能夠溝通，使社會成為整體的結構。九年一貫課程意欲打破科目本位的課程，而以統整課程取而代之，又強調「基本能力」的學習，是否符合涂爾幹的「多樣」與「單一」並重的教育理想呢？是值得思考的問題。涂爾幹的「多樣教育」是指因應不同階層，不同職業，不同社會區分的需求而不能不作的教育，以發展個人特殊環境（specific milieu）所需求的智、德、體的能力與特質；他的「一」的教育是增進人所共同的，必不可缺的修養，為整體社會所必須。因此，其多樣的教育是指專門教

育，分科分系的教育，專業與職技教育；而「一」的教育應是基本的教育，公民共同的教育。雖然他並未深進其課程的內部及歷程來立論，不過，國民教育應著重在「一」的教育，則是他的重要主張，「統整課程」、「基本能力的培養」與「一」的教育的關聯性可以作邏輯的推論。

由湊集課程轉型為統整課程對照於由純性範疇而混合範疇

不僅整體社會結構由「機械連帶」而演變為「有機連帶」，社會學者柏恩斯坦（Bernstein）也以涂爾幹的「機械連帶」與「有機連帶」來解析學校內部結構的改變（1975, p.67）。

伯恩斯坦在其論文「Open Schools- open society?」指出學校受外在社會的影響，也循「機械連帶」移向「有機連帶」在變遷。「機械連帶」的學校結構表現有若干特徵，對學生重視其共同性，強調有共同的信仰，行為受到嚴格細密的規範，重視其共同的相似性，以連結成為一個團體，師生角色分明，強制甚至處罰，在常難免。「有機連帶」強調學生的個別性、分殊性，同學之間強調互相依賴性，彼此相輔相成；師生角色較不明確，學生的組合是多面的，依時機與需要而作不同的組合。伯恩斯坦認為在機械連帶的社會所依循的範疇是「純性的範疇」（purity of category），而在有機連帶的社會所依循的是「混性的範疇」（the mixing of categories）。

依「純性的範疇」，學校教育有一套明確的價值教導學生；依「混性的範疇」，學校所傳授的價值含混，容易受外在紛歧價值觀念所影響；學生班級組合也由固定班級轉變為機能性組合，依單一標準評鑑改為依不同標準評鑑。在課程與教學

方面，順應此一演變，也有很明顯的改變趨向。教學由固定的標準運作而趨向觀念與原理的試探啓發；教師由答案提供者，變成問題的設計者或提出者，因此也就改變了師生的權威關係（authority relation），教師不再僅是高高在上的知識權威，而成爲求知的夥伴。

柏氏區分課程爲兩大類，一爲湊集型（collection type）課程，一爲統整型（integrated type）課程。並利用「區隔化」（classification）與「框架化」（framing）兩個概念來解說課程的分類。「區隔化」指的是科目或各教學內容之間的分化（differentiation）或彼此之間分立（insulation）的程度。「湊集型」課程，各科分明，彼此不相溝通，各科目各教各的內容知識；反之，「統整型課程」（integrated curriculum）科目無明顯的疆界。從湊集型的課程到統整型的課程，其間可以有相當的程度之差。換言之，統整或分立如何都可能有程度之分別，因而呈現爲不同型態的課程。所謂框架化是在教學的關係情境（pedagogical relationship）之中，師生所擁有的自主權以選擇（selection），組織（organization）教材，決定速度（pacing）以及被控制的程度（Bernstein, 1974）。簡言之，「框架化」指的是知識之授受的脈絡情境（the context）的形式，亦即師生在教學情境裡面自由選擇之強弱程度。

強框架化，師生自由選擇運用的程度減少；反之，弱框架化，教師與學生即擁有較大的自由以選用如何教授與受教。由另一觀點來認識，framing也指教育知識（educational knowledge）與師生日常社會生活的知識（everyday community knowledge of teacher and taught）的界限區隔如何。

在封閉的傳統社會中，「機械連帶」（mechanic solidarity）的社會，學校也呈現「機械連帶」的結構，循「純性的範

疇」，個人有共同的信仰與行為規範，明確具體；角色明白確定；犯錯接受懲罰乃勢所必然；個人信仰與角色義務（role obligation）不生衝突，也不感緊張。學校隨著社會的演變漸走向「有機連帶」（organic solidarity），個人與個人之間由於專門化與專業化，功能明顯分化，彼此依賴甚深，角色非天生註定，而是經由努力獲致的，人們的價值變異性程度趨大。柏氏這種看法正是體察社會價值會趨於多元化、專門化，社會更趨向功能分工，且權威階層（authority hierarchy）更趨於複雜的趨勢之後，所認定的學校必然趨勢。即以在傳統、穩定、單純的社會採行「湊集型」課程，在民主、專門化、多元化的社會，學校課程也逐漸趨向「統整課程」。

準此，統整型課程符合社會發展的趨勢，學術權威－教育學者、學科專家的權力必相對降低。課程科目的區隔化降低，不再依學科成為獨立自足的教學單位；而使科目間加強融合，形成「學習領域」，無任何一門學術學者專家能夠支配某領域內容知識，更遑論教育學者；他們都很難去支配領域的建構形成及領域間的關係；相對地教師的權力與支配形勢增加。然而，僅止教師力量仍難全操大局，如何結合社區、學生家長、教師團體、及學科專家、教育學者，形成一個教學社群，共同研商製編適用的課程，尤其對正式課程領域的詮析與決策，空白課程的研訂方面，是最重要的工作！且由「湊集型」至「統整型」課程，其間不是兩者選一的問題。兩者之間有極大的空間作不同程度的佈局、建構與統整，如何拿捏適宜？有待試探與協調。可是，這種轉變，教師、家長、社區與教師團體有無作好準備，取代原來科學家、學科專家、教育專家的工作，而能勝任愉快？這種試探與協調需要長時間在觀念上溝通，在知能素養、技術熟練上千錘百鍊才能得心應手的工作。倉促之間

即要換手，九年一貫課程之方向即使大方向不致太偏，但也只能削弱權威，顛覆傳統，破壞解構而已；而新的課程之統整則難保成功。

解除再製，破除文化的專斷

教育負承先啟後，傳授知識，化民成俗之責。教育這種傳承的使命向來備受推崇。衝突學派的社會學者，例如，Bowles & Gintis（1976）; Althusas（1969）; Apple（1982），都質疑教育的傳承功能。他們認為在本質上教育是進行社會再製（social reproduction）的工作。Bourdieu（1977）更提出文化再製（cultural reproduction）的概念來詮析這種教育傳遞文化的功能。教育如何進行這種再製的功能？一是透過符應原理（correspondence principle），使學校教育系統符應外在社會的不平等結構；一是經由正當化（legitimization）。前者，學校教育的內容，對學生行為規範，師生互動的方式的決定由優勢階級主導，反映社會不平等結構，以遂其維護既得權益；後者，對於是非善惡高低評價標準經由教育來評定判斷，何謂優等生？何謂劣等生？何謂模範生？如何才算及格？何者將來有出息？何者將來沒出息？皆經由教育來作是非評定，而教育的價值體系則由優勢團體決定。

Apple（1982）與Young（1971）更強調這種合法化及再製主要不只由表面的行為要求，懲罰增強來進行。更重要的，卻也是常為一般人所忽視的是，經由意識型態（ideology）去界定知識，選擇知識，分配知識構成學校教育實施的課程，包括正式的官方課程以及非正式的潛在課程（hidden curriculum）。

過去傳統課程依教育部頒佈的各級學校課程標準，內容規

定嚴格，少有彈性空間，國立編譯館再依課程標準統編教科書，是課程的高度控制。八十六學年度起實施的現行國中課程與八十五學年度開始實施的國小課程，已鬆綁了控制程度。本次「九年一貫課程總綱綱要」的公佈，對課程增加更大的彈性，容許更大的自由空間，由教師、學校、學生、家長及社區代表來制訂，求能符合社區、學校的需要。所代表的意義，如依社會再製、文化再製的理論來詮析，至爲重要。它代表過去主流文化、優勢族群文化控制的課程內容，已經獲得相當的鬆解。

勞頓指出：「課程的控制（control of curriculum）純是資方霸權的問題…，整個文化上層結構（cultural super-structure），包含教育，是資方與統治階級（the capitalist ruling class）價值的反映。教育卻被假定爲完全的社會化的力量（a totally socializing influence）。」（Lawton, 1980, p.6）

此次課程強調彈性課程，希望發展爲學校本位課程，就解除再製，鬆弛知識控制，方向不錯。惟，教師並未體認此一理論，亦未嫻熟課程設計原理與技巧。此一良法美意，是否能獲得學校與教師的珍惜並加利用，抑或流入另一種新的宰制當中，成爲社區有心者宰制或利益團體乘機進行技術宰制的機會呢？！果爾，將反倒使教師自廢「武功」（deskilling）？！

一元文化轉變為多元文化教育

課程是一種知識的規範與宰制的理論，在社會運動、文化運動人士的宣揚之下，多元文化教育成爲教育改革的主要訴求。多元文化教育認定文化宛如馬賽克，是無法融合的，所以教育首應使學生學習自己族群的文化與知識，至於學習國家的

巨型文化或社會的整體文化或主流文化，還在其次。多元文化課程要學生由自己的文化研究開始，認識自己的文化背景、信念、態度、行為模式及各種表現的行為。在向來由整體文化與主流的文化構成的課程，實禁不起多元文化潮流的衝擊。近年來各個族群與團體紛紛要求增加屬於己群的知識或文化,以及向來不受重視的本土文化。於是增加女性課程，鄉土教材，認識台灣，環境保育課程，防治煙毒課程…等等，不一而足。惟統一增加份量與科目節數，多寡輕重，各有論點，難以論衡，時起爭端，教育部也難以平息紛爭。

多元文化課程的設計，學者立論已有不少途徑可循：例如，補救模式、消除偏見模式、人際關係模式、非正式課程模式、正式課程附加模式、族群研究模式、融合模式、統整模式、社會行動模式、整體改革模式（黃政傑，民84）。

「九年一貫課程」的改革方案，所採取的是偏向整體的急進的模式，是較顛覆的方式。所以如此，一方面是基於前此為增加認識台灣內容於課程標準與教科書之中，其輕重過與不及，引起激烈的紛爭，唯恐日後類此意識型態的鬥爭還會再度發生；一方面，把近年來在壓力團體施壓下，勉強在科目本位架構下，不斷增加分量致顯得臃腫難行的課程完全放棄；中央順勢可以丟開燙手山芋，由地方與學校來接手，降低壓力團體的施壓。是否如此？！

惟整體的急進改革的統整模式，常要付出極大的教育成本與社會成本，且成功的機率不大。美國自杜威倡導進步主義的經驗課程于二十世紀初，然而真正實施的很少，直到三十年代至四十年代初，進行「八年研究」（The Eight year study）（1932-1940）經長久實驗，驗證肯定其學習成果，即使準備入學測驗，也不輸給傳統教學，才漸漸有較多學校接受採行，經

幾十年來不斷地實驗修訂編製才有部分的效果與接受可能。然而，一旦因為某一方面的競爭力消弱時，馬上又成為指責的羔羊，例如，1958年太空競爭力落後及1970年代以後經濟競爭力的衰退，所引發的教育改革。

在多元文化課程的衝激下，授權各地方決定，留有相當大空間由教育人員及地方來決定，是否能夠在短時間內設計出眞正符合本校、本地區大多數人贊同並接受的多元文化課程？！對向來接受由教育部統一規定課程標準的國人，不無疑問；且未曾有經精密的設計與試探實驗，即要全面推行未免過於樂觀與輕率。

教育知識與科學知識的區隔與階層化的重整

傳統課程依科目來組織，科目是依科學家或學者進行研究所劃分的的科學知識，所以科目本位的課程是科學家的學術知識（academic knowledge）。這樣的組織型態，不僅選取應用便利，而且使其與日常生活經驗的常識性知識（the everyday commonsense knowledge）加以區隔，且藉以階層化（stratify）知識：學術知識較高，日常生活經驗的常識性知識顯然較低，高低尊卑分明。

Michael F. Young提出概括知識的四面相（dimensions）為階層化的依據。第一，抽象（Abstractness－A）。第二，書面的（Literacy－L）而非口述的。第三，個別主義的（Individualism－I），是個人學習及評量而非團體的活動及評量。第四，相關（Relatedness－R），學校的知識與校外其它情境的相關性。他認為傳統的學校課程應是抽象的，以文字表述的，是由個人在教師正式教學下進行的學習，與校外生活情境

殊少直接相關的，故評價較高，是高階的知識（high-status knowledge）。反之，具體的、實際的、與外在日常生活情境相似的、直接相關的，在團體中進行的活動學習的知識，評價較低。他更進一步指出，課程的改變趨勢應該是降低專門化（specialization）；增進學科內的統整性（inter-subject integration）；且應拓寬評價知識的效標（the criteria of social evaluation of knowledge）。而且應該排斥學術的知識（「academic」 knowledge）高於「日常生活知識」的基本假定（Young, 1979, p.214）。

質言之，依此，科學家及學者的學科知識通常評價較高，而日常生活知識評價較低。學校的課程按科學家與學者的知識結構，俾近於科學家的學術；尤其評價較高的學校所傳授的知識性質與結構，恪守此一原則的程度越高。

然而，輓近，科學知識增加非常快，許多的知識也在增加，由舊有學科不斷分化出來更多的學科俾能涵蓋新增的知識，在此種情形下，知識結構的合理性也逐漸受到質疑。在社會科學知識領域來說，社會科學的學者I. Wallerstein, C. Juma, E. Keller, and J. Kocka等最近即大聲呼籲社會科學亟須重新再造，整合為不同學科，才能真正有益於我們對於社會系統的進一步深刻理解。自然科學、生命科學的進步更感快速，而在知識拓廣加深之後，更使學者發現科目分明的區分相當勉強，且有必要分化，也有必要重整。

依此，我們的學校課程恪守學術分科自然更感有必要檢討。何況在現代教育十分發達，未來要走進科學學術領域從事研究成為學者的已非多數，大部分的學子，都是應該為增進社會生活適應來接受教育。如何使得國民教育的學子能夠適應良好，成為民主社會中的有效公民來思考，打破學術殿堂的知識

結構—學科本位的課程，再依學生目前的生活及未來的社會生活設計另類結構，應是革新重點之一。可是，部份學子，受完國民教育之後，準備接受學術教育，成為明日的科學家，課程統整到什麼程度才不致於妨礙精英份子的學術準備，又是由另一角度不能不考量的議題。

「九年一貫課程」，依此評論，應是符合課程改造的趨勢。至於如何統整，統整到什麼程度，才能兼顧周全？如何能夠設計這樣的新課程？應透過知識結構的分析、文化結構與歷程的分析、社會生活與機能的分析、課程改造的結構分析，主題與建構教學系統的建立等等才能發展成功。

對社會變遷急遽，社會問題層出無窮的應變

回顧即將告別的廿世紀，前瞻即將來臨的新世紀；人們無不驚嘆社會變遷速度之快，幅度之廣與程度之深，以及社會問題之多與複雜。資訊不只是朝發夕至，而是瞬間傳達，無遠弗屆，全球資訊皆可補捉得到。地球宛如傳統村莊，傳聲筒一聲叫即傳遍全村。Alvin Toffler在其名著「Future Shock」說：對一個1940年出生的人來說，今日所眼見，相較於出生時的資訊處理速度已進步了百萬倍；人口成長率也增長了百萬倍；雷達、噴射機、太空船、火箭由絕對的機密而普遍化；人類器官可以移植；生物可以藉由生命科技複製；75%的超級市場未見於1940年代；第三次產業革命，使60～75%受雇人力投於服務業，老齡人口由僅占全部人口的7%，增至今之將近18%，職業婦女由18%增至近年的近三分之二。就知識而言，增加也同樣快速。W. Ziegler（1981）推測二十世紀初以來至今所新創的科學知識大於人類整個歷史至二十世紀初的科學知識；現在研

究所所教的工程學方面的知識，十年內全將因過時而被淘汰，現在學生所學的知識有一半以上到中年時期，也將失效。

在如此急遽變遷的社會，以及增長如此快速的科技知識裡面，問題卻更層出無窮，而且更感棘手，難以解決。過去的課程結構與教學方式，已使我們學子的頭腦超載，自由思考的空間相對縮減；處理問題的能力也大為降低，適應能力也退化。所以教育學者，未來學者與社會學者應該思考如何教學生「learn how to learn」，學習可以繁殖化育的知識，簡化學習知識內容，學習基本的知識概念與應用資訊科技的知能。

另方面，人類社會及宇宙世界所發生的問題也越來越多越複雜，而且都難以任何某一學科的知識就能刀解。生物科技已能複製其它高等生物，技術上已能複製出人類，我們是否應禁止複製人類呢？如果成功地複製了人類之後，社會結構如何預作重新建構，倫理規範應如何重建？又如太空是否有生物，如何去確定生物的存在與否？如果有，如何互動相處？如何建立一個太空社會？如果無，如何解釋？為何獨有地球有生物？未來宇宙的發展又如何？我們地球的命運又將如何？再如現在的人們物質生活優裕，精神生活貧乏，心靈空虛，于是唔藥、自殺、凶殺、奇風異俗，異端邪說在道，應如何解決？對類如此等問題，現有的學科知識，都沒有現成答案，應如何解決？是否應整合各科知識？共同合作謀求問題的解決之道？可見知識都不是最後的（the finalized），也不是完美的（the finished），而是仍待進一步發展的。

迴旋於後現代主義學者思考的空間，人人都能建構知識

　　生活於此一歷史性的關鍵時刻，新舊世紀之交的時刻，面對此等處境，「後現代主義學者」有一些獨特的想法與研究方法，在在影響我們的人類，尤其是新人類、新新人類。他們放棄共同理性而重視主體理性，輕理性而重感性，不重統觀全局，而專注局部，輕共同性而重差異性，否定可能共識，而肯定異議，放棄追求放置四海皆準的巨型理論（grand theory），而追求小型敘述（little narrative）的自行詮釋，否定有其不變的真理，而求一時的利用價值；認為知識是主觀的，功能性的，對參與者的意義，因此每個人、每個群體、每個學生、每位教師、每個學校、每個社區都可以建構自己的知識，只要我認為有意義的有什麼不對？什麼都是對的知識。認為傳統所謂的主流文化是一種霸道文化，權力主控的文化，否定個別的、弱勢的文化與思想。這種主觀的、自我的、紛歧的、無是無非、零散的、變幻的、感性的思想潮流宛如黴菌一樣傳染快速，無孔不入。

　　面對社會變遷，問題紛陳的現狀，復又在後現代主義風潮的吹襲之下，九年一貫課程突然現身，並非全無道理。一方面強調打破學科的區隔，整合相關學科成學習領域，成為聊脩一格的統整課程；二方面在修訂過程中，儘量以隱形的方式，避免曝光於教育界及教育學術界，否定學術權威，專業權威的參與來個迅雷不及掩耳即發佈；三方面，要各學校、各地區自行設計學校本位課程，至於如何設計，行政當局、教學人員、研擬委員，誰都不知道，反正也沒有最後的是非正誤答案，大家去設計，「不必說什麼都可以」（everything goes without saying），也就是現代思潮的寫照。

然而，教育要化民成俗，教育要投現實所好，也要樹人理想，教育要適應時代思潮，也要改變現狀，引導社會趨近理想的境地完全投合大眾，庸俗化、新鮮化，恐非教育設計之道。

結語

　　本文先點出九年一貫課程推出的相關社會現狀，作為思考的背景。繼則勾勒本次課程改革的主要內涵。然後，就社會學的理論與理解詮析九年一貫課程的改革，並分別據以作若干評論。最後，謹誌若干感想作結。

　　傳統的國民教育課程內容太多，太複雜，分量太重，太過於拘守科目分立的原則，難期學生學以致用。而臨變遷急遽，社會性質繁雜，層出無窮的問題，更難應付。對社會變遷的感受以及國中教育的無能，咸感無奈，亟待突破。因此顛覆傳統，鬆綁解構，令人叫好。然而粗糙、倉促的設計，雖足以革除原有的規範、系統、打破原來的結構，卻難期能夠成功地實現創新與改革，建構一個嚴密有效的新系統。

　　九年一貫課程改革重點在以基本能力的培養為主要目標，以統整學習內容成為學習領域，並保持空間，發展學校本位課程。隨社會當前的特性與需要，以及依社會學者的理論，大體方向並不違背改革的趨勢。惟這樣的改革是一個根本的改造工程，從深層的意識型態到人際關係的調整，制度的重建，結構的形成以至文化的改造，環環相扣，需要經歷長期的研發、規劃、試驗、評估與修訂的一個前置過程；也是權力與資源的重新分配，需要經分析、協調、磋商、試探、評估與適應，才能使大家接受；更需群策群力，互相溝通、協調與重組，才能有

效運作；先進國家的經驗可供借鏡。然而，國內邇來卻迫於政治生態的改變，經濟衰退的壓力，多元文化的紛爭，形成強大的教改風潮，以排山倒海之勢，大叫大改，但求變化，不論計畫。逼得教育部不得不邊叫邊改，倉促推出一道一道的「教改牛肉」；從吳部長的一日一點，至林部長的一月一新政，天天有新戲碼滿足新鮮感！九年一貫課程就是在這樣的背景之下，未足月就催生。先天不足，後天如何調養，人人皆無成竹在胸。

譬如，何謂基本能力？其成分為何？如何粹取？如何組織？學習領域如何劃分？由學科知識如何打破科目的界限？如何發展為學習領域？空間很大，方式很多，有各種不同的理論模式與爭論，如何協議，如何進行，並非可簡易達成的事。如何設計學校本位課程？茲事體大，學校、教師都會望而生畏，更有利益團體（interest group）正虎視眈眈，豈是一個「彈性」、「統整」了解與了得？

教育要發展成為多元化的教育，課程多樣化，教學多樣化，評量多元化，以滿足多元社會，多元文化教育的需要，也投合後現代主義者的口味；但是不使因為多樣、多元而分化了，分散社會以致於支解破碎，「一」的教育，統整的教育更不可無。E. Durkheim早已致力主張，雖未直截切入課程闡述，卻倍受知識社會學者B. Bernstein與M. F. Young的推崇與發揚。綱要中的「基本能力的培養」的概念並未能吻合於這種「一」的教育及整合的意涵，而如何建構「基本能力的培養」，恐非含混曖昧的舉述所能完成。心理測量學者、教育理論學者、知識社會學者、學科專家應能在充分溝通後，提出較明確的概念，並分析較精緻的內涵。

整合課程，從杜威（John Dewey）大力倡導，以生活經驗

為核心來整合知識以降，至B. Bernstein；M. F. Young；M. Apple；與H. Girrux同表支持，但仍有不同的理論。課程專家也發展出不同的設計模式（Ornstein & Hunkins, 1993；Fogarty, 1991；黃政傑，民83；黃光雄，民83；黃譯瑩，民87）。但以美國而言，幾十年的更替發展，忽左忽右，曲折多起，尚未成功。如何整合，使學科知識構成學習領域，牽涉到科學知識結構、知識的界定與類分，權力與知識的關係，知識的分配，權益與資源的分配，學校制度的改革，知識的社會功能，考試評量等等，以及教師權益分配的問題。均有待協調磋商，也有需要精密構思，並客觀實驗，與嚴密驗証才能發展成功。

各校如何建構其適用的課程，基於個體及個別主體性的尊重，學校本位的課程，為大家所嚮往，最好各教師皆建構其自己適用的課程。甚至，如果可能，使量身打造，為每個學生設計「個別教育的課程」（individualized educational program, IEP）更佳。學校本位課程需有歷史文化、社會及意識型態因素為背景支柱，其中可能牽涉各社區特質、壓力團體、學校組織、個別教師等各種力量的衝突，互動，與凝聚的問題；課程設計則更需教師素養、學校設備、與技術理性等的因素及運用。並非一紙令下，即能發展成功。

傳統課程的僵化、刻板、老成穩重，不一定代表大幅度的革新就正確；也不確保只要開放，就能手到擒來。過去教育學者專家未能發生作用於官僚體制與威權政治的社會結構之中，並非保証排除教育學術學者專家於開放社會的課程改革之規劃，即能創新成功。教育改革與課程改革是一個結構性的重組，對教育系統及其結構，每一項目細節均能理解其作用機制，病理癥結，才能改革；教育改革，課程的根本改革也是一個文化重建的歷程，有待所有涉及的相關人員及顯著人士的接

受、關懷、支持並參與才能事半功倍。教師要引導世界走向更真實、更可愛、更意義、更和諧的未來；用智慧來洞識古往今來的世界，用生命來探察真理的學界人士應能超越爭權奪利、紛往攘來的眾生，爲個別意義化所建構的知識補救其不足，亦能對孤立隔離個別殊異情境認知作一些統觀洞識的工夫，教育者不能過於迷信「什麼都可以，只要我喜歡」、「什麼都是對的，只要我認爲」。教育的改革決策應愼重，教育的步驟應謀而後動。教育無投機，但求踏實；教育無奇蹟，但求一步一腳印，步步爲營；教育不能與過去形成斷層，與固有的文化脫節。否則，在一紙令下，只有儀式順從，策略性適應或技術性取巧而已。結果是換湯不換藥，舊系統已支離，新教育的奇蹟只有仰賴蒼天，何日實現？！

參考書目

中文部份

中華民國課程與教學學會主編（民86）。《邁向未來的課程與教學》。

行政院教育改革審議委員會（民85）。《教育改革總諮議報告書》。

教育部（民87）。《國民教育階段九年一貫課程總綱綱要》。

單文經（民81）。《課程與教學研究》。台北：師大書苑。

黃光雄（民83）。《課程與教學》。台北：師大書苑。

黃政傑（民83）。《課程設計》。台北：東華。

黃政傑（民84）。《多元社會課程取向》。台北：師大書苑。

黃譯瑩（民87）。課程統整之意義探究與模式建構。《國科會研究彙刊：人文及社會科學》，8（4），616-633。

英文部份

Althusser, L. (1971). *Lenin, Philosophy and Other Essays*. London : New Left Books. Quoted from Blackledge, D. & Hunt, B. (1985). op.cit.

Apple, M. (1982). *Cultural and Economic Reproduction*. London : RKP.

Apple, M. (1982). *Education and Power*. London : RKP.

Ballantine, J. H. (1985). *Schools and Society : A Reader in Education and Sociology*. California : Mayfield Publishing Company.

Bernstein, B. (1975). *Class, Codes and Control*. Vol.3, Toward a Theory of Educational Transmission. London : RKP.

Blackledge, D. & Hunt, B. (1985). *Sociological Interpretations of Education*. NY : Routledge.

Bourdieu, P. & Passeron, J-C. (1977). *Reproduction in Education, Society and Culture*. London : SAGE Pub. Ltd.

Bowles & Gintis (1976). *Schooling in Capitalist America*. NY : Basic Books Pub.

Durkheim, E. (1956). *Education and Sociology*. NY : Free Press.

Eggleston, J. (1977). *Sociology and the Curriculum*. London : RKP.

Forgarty, R. (1991). *The Mindful School：How to Integrate the Curricula*. Palatine, IL : Skylight.

Giroux (1981). Theories of Reproduction and Resistance in the New Sociology of Education : A Critical Analysis. *Harvard Educational Review*, 53(3), 257-293.

Lawton, D. (1980). *The Politics of the School Curriculum*. London : RKP.

Ornstein, A. C. & Hunkins, F. (1993). *Curriculum Foundations*, Principles, and Theory 2nd, ed. NY : Allyn & Bacon.

Toffler, A. (1970). *Future Shock*. NY : Random House.

Whitty, G. (1985). *Sociology and School Knowledge : Curriculum Research and Politics*. London : Methuen.

Young, M. F. (1973). Taking Sides Against the Probable. *Educational Review*, 25(3).

Young, M. F. (1974). Curricula and the Social Organization of Knowledge. In R. Brown (ed.) (1974). *Knowledge, Education, and Curriculum Change*. Tvisstock Pub.

Ziegler, W. (1981). *Social and Technological Development*. (rev. ed.) NY : Syracus University Press.

第二章

國民中小學九年一貫課程綱要之哲學分析

——後現代的觀點

楊洲松

前言

　　台灣社會自民國七十六年解除戒嚴以來，變遷極為迅速，不斷朝向自由化、多元化、民主化的方向前進，並配合國家現代化的目標，積極推展資訊化、科技化與國際化。教育為因應社會如此劇烈而迅速的變遷，亦於民間與政府的努力下展開一系列的教育改革運動。其中攸關下一世紀公民素質的中小學教育更是受到廣泛的關切與注目。

　　目前國民小學課程標準係於民國八十二年公佈，並自八十五學年度逐步實施；國民中學課程標準則於民國八十三年公佈，八十六學年度逐步實施。以此觀之，似乎國中小課程仍相當新穎，並不需要如何的更動。然而，由於社會變遷實在太過迅速，加上課程改革受各方面因素影響而未能完全落實，以及世紀末所引起的焦慮，都促使課程改革的需求更為殷切。教育部遂於民國八十六年成立「國民中小學課程發展專案小組」，進行國民中小學新課程的研發工作，並於民國八十七年九月三十日正式公佈「國民教育階段九年一貫課程總綱綱要」，預定自九十學年度開始實施國民中小學九年一貫的課程。

　　此次課程改革迥異於以往分別為國民中學與國民小學的「課程標準」進行檢討與修訂，而是標示了「九年一貫」的「課程綱要」。「九年一貫課程綱要」與以往「課程標準」間最大的不同約可歸納為三點：（歐用生，1998；陳伯璋，1998；游家政，1998）首先，國民中小學採九年一貫的設計方式，希望中小學的課程彼此間的銜接性與統整性能更加強，而不是像傳統課程標準的訂定是分為國民中學與國民小學二組分別進行。其次是將「課程標準」改為「課程綱要」。以往的課程標

準規定了每週授課時數與科目，並要求全國採一致性標準的遵從，忽略了區域性的不同需求與學生的個別差異。而「課程綱要」並不要求標準化與一致性，除規定了基本授課時數外，更賦予了各校更大的自主空間，彈性地設計符合各區域學校不同特色的課程。第三，是採取統整的合科教學。其以十項課程目標來擬具十項國民教育基本能力，再以七大學習領域來進行教學，打破了傳統以學科本位爲主的課程設計模式，採取了統整的合科教學。

九年一貫課程綱要的設計將以往傳統「標準」的思考模式轉移至「綱要」的設計理念，強調統整、連貫與銜接，並賦予各地區、各校、甚至各班及教師彈性的自主空間，其不僅是課程設計模式上的改變，更應視爲是課程設計背後的理論基礎產生了轉變。

傳統課程標準模式的課程設計，基本上是遵循泰勒法則（Tyler rationale）：「目標擇選—教材選擇—教學實施—成果—評鑑」的工學模式。此種模式的課程編排係基於現代性理性思考的觀點，希望由專家學者經由心理學與哲學的過濾，於人類精神遺產中篩選出的「文化財」中再精選出「教育材」並予以編排以傳授給下一代，使其有益於改造世界。而課程綱要的設計模式則走向後現代課程論強調多元、彈性、差異、及學科界線的弭平等特色，希望能在「資訊爆炸，科技發達，社會快速變遷，國際關係日益密切的新時代……培養具備人本情懷、統整能力、民主素養、鄉土與國際意識，以及能進行終身學習之健全國民。」（教育部，民87）。

基於以上，本文試以後現代的課程理論觀點，檢視與分析課程綱要之理論基礎與特色。

現代課程論到後現代課程論的轉折

　　課程成爲研究領域以來，受到帖衣勒（F. W. Taylor）管理的科學化運動影響，早期由巴比特（Bobbit）與查特斯（Charters）以工廠生產模式比擬教育歷程，視學校如工廠、學生爲原料、教師爲操作員、理想成人爲產品、課程爲任何可以轉變原料（學生）爲產品的東西（黃政傑，民80:20），是爲課程科學化理論的先鋒。

　　其後泰勒（R. Tyler）承繼巴比特科學化理論的基本觀點，在1949年出版《課程和教學的基本原理》（*Basic principles of curriculum and instruction*）一書中，提出了課程設計的法則，一般稱之爲「泰勒的課程理論」或「泰勒法則」。他認爲，課程發展必須考量四個基本問題：（黃政傑，民80:33）

　　1. 學校應該達成的教育目標是什麼？
　　2. 吾人可提供何種教育經驗以便達成這些目標？
　　3. 如何有效地組織這些教育經驗？
　　4. 我們如何確知這些目標是否達成？

　　泰勒認爲，課程設計的第一個步驟應先確立教育目標。所謂教育目標即是預期學生行爲變化，包括思考、情感與行爲等。而這些教育目標乃是源自於學生需要、社會需要與學科專家的建議，且必須經由教育哲學與學習心理學的過濾。第二步爲安排許多以目標爲焦點的學習經驗，這些經驗係來自學生的主動行爲，教師的任務就在於選擇適當活動、安排學習情境。第三步是要是有效組織學習經驗，經驗的組織要注意不同經驗間的統整性、順序性與繼續性。最後則是評鑑目標與結果是否

一致，以評定教育目標是否達成，課程是否有效。可見整個課程發展的過程係以教育目標為中軸，其主導了整個課程的發展，泰勒法則的課程發展模式因之又被稱為「目標模式」（objective model）。目標模式的課程設計強調目標明確的課程設計理論、線性的教學單元、穩定不變的教材與分層的標準化評鑑，其背後的哲學假定乃是牛頓式傳統科學認知方式為基礎的現代主義課程論，其以簡單、穩定、永恆的牛頓認知典範為基礎，假定教育與課程是穩定、封閉、平衡的系統（張文軍，1998:106）。

泰勒課程理論一出，隨即成為課程研究的主流，主宰50年代以來的課程研究數十年。其後許多學者例如，塔巴（Taba, 1962）、惠勒（Wheeler, 1967）、梭塔（Soto, 1969）、魏斯特美爾（Westmeyer, 1981）、克爾（Kerr, 1968）、赫律克（Herick, 1965）、龍渠（Rowntree, 1982）、Oliva（1982）、Beane（et al. 1986）、Salor（et al. 1981）等人所提出的模式，均僅是泰勒模式的補充而已（黃政傑，民80:148），多不脫泰勒的法則，他因之被稱為「課程之父」。而泰勒法則儼然成為課程理論的後設論述（meta-discourse）。

早從六〇年代末期以來，即有一些學者不斷對泰勒的課程理論提出批判（Schwab, 1969; Jackson, 1980; Pinar, 1990），他們認為泰勒的課程科學化理論有以下的問題：（周淑卿，民85:242）

1.將學生視同加工生產的標準化產品，忽視人的自主性，易流於灌輸與訓練，失去教育的原意。
2.過分依賴既定目標，而忽視目標以外的學習經驗，此種「預先決定」的方式，可能使學生失去其他學習機會。

3.太重視具體的行為目標，對於較為抽象的情意、價值領
  域的學習較易忽略。

4. 將學習經驗視為社會狀況的工作分析結果，不涉及價值
   判斷，此種方式忽略了現況與理想的區別。

　　課程的「再概念化」（reconceptualization）學派例如，皮
那（Pinar）等人即要求重新思考、反省與解釋課程的內涵，摒
棄科學化式的生產控制課程，而重視學生生活經驗在學習脈絡
中主動創造的意義與價值；並由哲學與社會學的角度，思考課
程與政治、課程與經濟、課程與社會的相互關係，探討社會系
統對於課程的控制作用，教育過程中不同背景的師生對意義的
互動與創造。再概念化學派課程研究的內涵乃集中對於潛藏於
表面的教育活動以下，學生卻會默默獲得的「潛在課程」
（hidden curriculum）的探討。

　　八○年代以來，受到後現代主義思潮的影響，泰勒模式更
遭受強大的質疑。後現代的課程學者從科學哲學、渾沌理論、
生態學、哲學與敘述學等典範轉移出發，指出泰勒式課程取向
將學習視為是直線的歷史事件構成，指向了某個中心目標，所
有的課程內容、教學方法與評量方式都是為了達成目標的追
尋。如此一來，極容易簡化了課程的「豐富性」（richness），
而忽略與社會、歷史文化脈絡的「關聯性」（relations）。此種
泰勒模式的課程將無法反映出後現代社會由高度資訊化、科技
化與全球化所帶來的瞬息萬變的社會狀況。他們因而主張多關
注學習的脈絡性、多樣性與反省性（Slattery, 1995:38）。

　　歸納學者看法（Aronowitz & Gioux, 1991; Slattery, 1995;
Stanley, 1992; Mclaren, 1995; Doll, 1993），後現代課程有以下特
色：

反目標模式課程的後設論述，強調課程的動態循環與開放

後現代課程論認為，泰勒法則有著宰制課程發展模式的後設論述性格，其藉由目標的優位性，要求經驗、方法與評量都必須符合目標中心，而忽略了經驗的反省性與擴展（Doll, 1993:174-175）。斯拉特里（P. Slattery）即指出，此種現代性的課程內容表現出的是「後設論述」，其是試圖對於家長式的、科學的、種族的、人類中心的、理性的、歐洲中心的典範所反映的現代觀念的組織（Slattery, 1995:47）。

另外，泰勒法則係以「目標擬定—教材選擇—教學實施—成果評鑑」的模式設計課程。後現代課程學者認為，這是一種靜態封閉的模式，忽略了作為課程主體的學生與其所處社會環境及文化脈絡的互動。後現代課程理論則提倡一種批判動態的課程觀，強調課程應該是通過對於參與者的行動與交互作用而形成，預先設定好的課程不應提倡。道爾（Doll）即認為後現代課程理論要注重「循環性」（recursion）。循環是沒有起點也沒有終點的，更可以說，每個終點又是另一個起點，每個起點都是從前一個終點而來。課程因而不是片段的，而是不斷的反省。是以學習過程中的任何測驗、報告與作業都不僅是一個學習計畫的完成，更是繼續探索、研究與討論的開始（Doll, 1993:177-178）。如此一來，課程將是開放的，不是封閉的，就如同是李歐塔（J-F. Lyotard）後現代知識論述不斷地追求歧異與多元。

反學科本位式課程，主張學科的統整與跨越

後現代課程論學者認為，學科本位的課程設計是建立在的

傳統的二元論哲學，反映在課程上，即形成二元對立的現象，例如，黑與白、身體與靈魂、教師與學生、勝與敗、夢與現實等（Slattery, 1995:263）。一有了二元的劃分，即設立了主客的對立，而有了優位與宰制的現象出現。例如，歷史教學，主為白人、歐洲；客為亞、非洲。文化亦以白人為主流、亞非被視為是落後無文明，而有待西方基督的救贖。同樣的，在我國課程設計上，也顯示出以漢人文化為主，客家文化、原住民文化為邊緣的情形，此種現象並因各類考試而加強。另外，例如，男性中心，女性為邊緣的論述，長期以來亦深植於課程設計的潛在意識之中，透過潛在課程的默默獲得，形成社會主流文化的角色認同，相對的，不斷複製與加強了男女性別角色的刻板印象。

但到了後現代知識論述，其反對有任何後設論述的霸權，要求重新「賦權」（empowerment）予不同論述相同的發言機會，使得原為邊緣的、局部的鄉土論述、原住民論述與女性論述等得以躍登知識舞臺。

斯拉特里即主張後現代課程應該要解除二元論的基礎，調整二元對立的思維方式，從而產生一種對整體多方面的、互補的認識（Slattery, 1995:264），以加強整體理解與關聯來消除二元論的分立。道爾指出，「關聯性」是後現代課程當中相當重要的概念，其又以兩種方式轉移課程：教學方式（pedagogical way）與文化方式（cultural way）。前者為教學關聯，是課程內的關聯與統整所形成的交織網，而使課程更加豐富；後者是文化的關聯，是外於課程，但課程屬之的更大的文化脈絡（Doll, 1993:179），此二者在課程設計時都是相當重要的。換言之，課程不應是獨立於學生的學習脈絡與整個社會文化背景之外，課程設計者必須重視課程的縱向一貫與橫向統整，同時必須將

其置於整個社會文化脈絡之中來加以處理，由學生與社會文化脈絡的互動中去主動建構有意義的學習活動。

另外，為避免陷入二元對立的困境，後現代課程要求在課程中關注到課程的多元性、不穩定性、非連續性與相對性。而傳統學科中心傾向的課程設計在後現代社會中並不足培養學生以開放的視野面對多變混雜的世界，因而後現代課程必須消融學科邊界直至取消學科本身。即如吉洛克斯（H. A. Giroux）所主張，學生的學習要橫跨不同學科、領域與文化，課程宜以更寬廣的視野統整與融合不同的知識並使之產生關聯。在這種跨越不同文化、學科的統整融合方式下，以往現代主義式的學科知識界限與觀點，都應該被打破，新的教育課程理論應該是一種可以包容各種人文學科與人類知識的「文化研究」（cultural studies）（Aronowitz & Giroux, 1991:118-123）。

重視文化多元，發展多元文化課程

二十世紀中期以後，高度工業化的後現代社會中，由於科技與資訊的發達，全球社會已經逐漸形成一個世界舞台，無論願不願意，每個國家、社會與個人的命運都在這個舞台上決定或被決定。世界已逐漸趨於「同質性」（homology），形成一個相互關聯的「單一共同體」（unity）。其在經濟上是以高度發展的資本主義為基礎；政治上強調民主；文化上則資訊氾濫，走向消費文化、文化工業；加上科技的成就，電傳視訊、電腦網路的發達，更拉近了國與國、人與人的距離，促成了「全球化」（globalization）的發展，這些發展標示了人類正面向一個全新的經驗（Vattimo, 1988:26）。

在此種全球化的狀況下，世界的國家與人們彼此之間產生

了「蝴蝶效應」的「文本際性」（intertextuality）。亦即任何一個國家，甚至任何一個人的任何行動都會影響到其他人及國家的反應，彼此間相互依賴日深。彼此間相互了解、和平交流與和睦相處的需要日益迫切。尊重多元、相互了解與不等價值觀的精神與增進對「他者」（the other）的了解與相互依存問題的認識成為重要的課題。

面對此種全球化狀況，後現代課程論者遂主張多元文化的課程發展取向，認為課程設計應採取多元文化的觀點，讓各種文化都能為學生所接觸、理解、尊重、欣賞和維護，將多族群與全球觀點統合於課程之中，教導有關族群、國家文化差異與貢獻（黃政傑，民86:18）。學校要教導學生的不僅是主流文化或優勢文化為核心的鉅型文化，也要教導學生生活周遭的其他微型文化。

而透過多元文化課程的設計，學生跨越穿梭於不同文化邊界之間，能瞭解、欣賞並尊重自己與他者的文化（Arnonwitz & Giroux, 1991:118-119）。進一步養成學生對文化的積極態度，消除性別、種族、宗教、社會階級、年齡、特殊性等方面的偏見與歧視，使每個學生都具有相等學習機會，皆能體驗成功的學習經驗，促進族群和諧和人類的共存共榮，達成世界一家的理想（張嘉育，民86:41）。換句話說，多元文化課程的設計始於瞭解自身，培養自尊自信，再繼而瞭解他人，尊重他人，最後能瞭解世界，尊重所有生命。

綜上所述，後現代課程論認為，傳統泰勒法則的課程設計模型已不足以因應後現代中變動迅速的資訊化、科技化與全球化的社會情勢與狀況，而主張採取動態、循環、統整與多元的取向來進行課程設計。

後現代課程觀雖然提倡了歧異、多元與開放的課程設計取

向，重新賦予了課程設計新的面貌與活力，但過激的歧異主張，卻也意味著「離中心性」，失去了主導方針與共識的追尋，如此極易走入相對主義或虛無主義。固然，尊重並傾聽局部有效的邊緣論述，可以打破中心主流論述的壓迫；但一昧地否定宏觀敘述的獨斷性，而單方面肯定多元論述與異質競爭，在極端的情形下，每個論述將會落入特殊論述中，而無法解釋組成大社會、政治與全球系統中各部分的相互關係與牽制（Giroux, 1991:70）。

另外，後現代的知識論述有走向當下經驗的實踐性格、商業消費、平面話語與破碎斷裂的現象，影響所及，課程設計是否也會朝向立即有效的實踐、商業消費主義的現象？使得課程內容以一種要求馬上能解決的速食風貌出現，而割離了國家民族的歷史文化傳統。如此一來，完全導向實際化、歧異化的後現代課程將無法為國家教育提供一個繼統開來的遠景。

九年一貫課程綱要內涵概述

根據教育部「國民中小學九年一貫課程總綱綱要」所揭示，九年一貫課程係為了因應資訊爆炸、科技發達、社會快速變遷、國際關係日益密切的二十一世紀所做的變革，其強調培養學生具備人本情懷、統整能力、民主素養、鄉土與國際意識，以及能進行終身學習的健全國民。基於上述理念，擬定了相關的目標、能力與實施原則：（教育部，民87）

具體目標與基本能力

國民中小學教育階段所要發展的具體教育目標為：

人與自己
◇增進自我了解與發展潛能。
◇培養欣賞、表現與創新的能力。
◇提昇生涯規劃與終身學習能力。

人與社會環境
◇培養表達、溝通與分享的知能。
◇發展尊重他人、關懷社會與增進團隊合作。
◇促進文化學習與國際了解。
◇增進規劃、組織與實踐能力。

人與自然環境
◇運用科技與資訊的能力。
◇激發主動探究與研究精神。
◇培養獨立思考與解決問題能力。

而為達成上述目標，課程設計乃以學生為主體，生活經驗為重心，擬具十項國民教育基本能力：

1.了解自我與發展潛能。
2.欣賞、表現與創新。
3.生涯規劃與終身學習。
4.表達、溝通與分享。
5.尊重、關懷與團隊合作。

6.文化學習與國際了解。

7.規劃、組織與實踐。

8.運用科技與資訊。

9.主動探索與研究。

10.獨立思考與解決問題。

　　為培養基本能力，課程設計採取合科、統整、彈性選修的精神取代以往學科中心的設計方式，並從個體發展、社會文化與自然環境三個面向出發，提供語文、健康與體育、社會、藝術與人文、數學、自然科技及綜合活動等七大學習領域。而學習領域內容包含了必修與選修，為基本教學節數，佔學年總節數之百分之八十；另有百分之二十為彈性教學時數，提供地區、學校及班級進行全校性和全年級之學校行事節數，及各班教師實施補救教學、班級輔導等班級彈性教學之用。

實施原則

　　九年一貫課程之實施原則包含基本原則，教材編輯、審查與選用，評鑑三部分。

基本原則

　　九年一貫課程強調的是課程的延續性、銜接性、統整性與可行性，並重視課程的彈性化、個殊化與學校本位化。而為完成課程改革，相關配合措施例如，師資培育制度、在職進修、課程研習、教科用書之審查與選用等亦需進行規劃。

教材編輯、審查與選用

　　九年一貫課程的教科用書係採審定制，開放由民間依據九

年一貫、統整之精神進行編輯，經審定通過後由學校選用。學校亦需因應地區特性、學生特質與需求，選擇或自行編輯合適之教科用書與教材，並編選彈性教學時所需之課程教材。

評鑑

課程的評鑑工作係由中央、地方與學校以夥伴關係，採分工合作方式實施。其中，中央負責建立各學科學力指標，並督導地方及學校課程實施成效。地方政府則負責辦理，與督導學校課程實施及各學科表現之測驗。學校則負責課程之實施與學習評鑑。

評鑑之範圍包括了課程教材、教學計劃與實施成果，評鑑方式採多元方式實施。而為確保教學品質，各校應設立「課程發展委員會」審查各年級之課程計劃。

九年一貫課程綱要的後現代分析

分析上述，九年一貫課程綱要的設計在相當程度上實是顯現了後現代課程論的精神：

因應後現代社會的來臨

九年一貫課程是為了因應「二十一世紀將是一個資訊爆炸、科技發達、社會變遷快速、國際關係日益密切的新時代。」所做出的課程變革。相較於傳統課程標準所處之社會背景而言，九年一貫課程所代表的是教育為了因應台灣社會逐漸走向高度資訊化、科技化、工業化與國際化的「後工業社

會」，或稱「後現代社會」呈顯出來的「後現代社會狀況」所進行的改革工作。

首先，資訊化社會的形成使個人面臨了資訊爆炸與焦慮的情境。資訊爆炸使得學習領域擴增，對個人造成極大挑戰，若未能持續不斷學習，很快就可能被資訊與知識所淘汰。而資訊的氾濫也使得人們產生焦慮，因為資訊與知識的半衰期益短，若不時常學習，將無法趕上時代脈動與社會發展，終身學習成為未來社會成員能夠不斷學習生存發展所必須的教育型態。

其次，台灣已進入一個高科技化的社會，由於電腦網路、電傳視訊與大眾傳播等現代科技的四通八達，已改變了人們對於知識的獲取、分類、提供與應用的方式。科技可以將大量的知識以微型處理的方式存進電腦資料庫，並透過網路放諸四海，使知識成為了隨手可操作獲致的資料。在後現代社會中，所有的知識都將轉化成為電腦語言，任何無法變成電腦符碼加以傳遞的知識，都有被淘汰的可能，電腦科技因而成為後現代社會中的知識霸權（Lyotard, 1984:5-6）。

電腦網路與視訊科技的發達，也改變了人們的學習型態。學習者不管在何時何地，只要透過電腦網路，就能獲取各種資訊與知識，在未來社會中誰能透過科技掌握資訊，誰就是獲勝者。是以運用電腦科技將成為終身學習社會中最重要的能力。

另外，台灣在「立足台灣，胸懷大陸，放眼世界」的全球性關聯中，亦必須有所變革，並考量到人與人、族群與族群、社會與社會、國家與國家之間的交流與互動。在這樣的背景下，教育遂要求人與社會環境間的結合，亦即如何與他人溝通、分享、尊重、合作、學習及了解等為重要課題。九年一貫課程遂規劃了表達、分享與溝通、尊重、關懷與團隊合作、文化學習與國際了解等目標與能力。

反極權中心而趨於多元邊緣

學校本位的課程設計

　　九年一貫課程是導向學校本位的課程發展。傳統的課程發展工作是由官方邀集專家學者訂定課程標準，再由國立編譯館進行教科用書的編輯工作，之後印刷成冊供全國中小學一體施行。此種行政模式的課程發展，雖可確保教育機會較為均等、較可確保教育品質，但卻也有專家導向，忽略了基層教師的需求與學生主體的關照，常使得課程偏離實際教學情境與學生生活經驗、及定知識價值與意識型態於一尊的危險，早遭詬病。

　　而課程綱要拒絕了中心霸權式的國定課程設計，將課程發展的主體設定於權力邊緣的地區、學校與教室，主要採取了學校本位課程發展的取向，主張透過學校本身之「課程發展委員會」針對學校課程計劃進行研擬、實施與評鑑。如此一來，就能顧及到地區特性、學校特色與學生需求。兼顧區域性、個殊性、彈性化的原則。

教科書的開放

　　以往國中小教科用書係由國立編譯館邀集專家學者，針對課程標準之規定進行教科用書的發展與編輯工作，供全國中小學生作為教材。其雖較可配合國家政策需求與文化傳統並壓低價格，但長久來也遭受到教科用書作為意識型態灌輸工作之質疑。到了後現代多元社會，意識型態是多元而不應定於一尊，國定本教科用書遂被檢討批判。而自八十五學年度起，國小教科書已全面開放為審定本，國中亦預定於八十九學年度全面開放，此亦為九年一貫課程實施之配套措施。學校可依地區特

性、學校特色與學生需求進行教科用書的選擇，將教材選用權賦予了學校。除此之外，學校與教師甚且需於彈性教學時數中自行編輯相關教材以供學生學習，賦權教師「恢復」(re-skill)已被「解除」(de-skill)已久的專業自主權。

多元文化的重視

而在課程內容的設計方面，九年一貫課程的目標與能力均相當重視多元文化，例如，尊重關懷與團隊合作、文化學習與國際了解等，都是為因應國際化、全球化社會所必要的能力與目標。尤其以國小五年級開始實施英語教學乃為國際化最為具體之展現。另外，百分之二十的彈性教學時數，提供給不同地區、學校與班級進行彈性教學之用。不同地區與學校可因地制宜，發展屬於該地區之本土文化的課程；亦可就學生族群屬性的不同，設計多元文化課程，協助學生跨越不同文化之邊界，從了解進而欣賞、尊重他者的文化，以促成和諧一家的理想。

非專家導向的修訂組成

此次課程修訂小組之委員完全打破以往由學科專家主導的方式，包括了立法委員、業界代表、公私立中小學實務工作人員，學專家所佔比例並不高。是以小組異質性相當高，較為重視基層聲音與多元意見（陳伯璋，民88）。雖不至於如後現代主義頌揚之「反專業」，卻也相當程度質疑了專家的權威，並重視「實踐性」在教育改革活動中所扮演的角色。

反學科本位而走向統整連貫

統整連貫的課程設計

　　九年一貫課程特別重視學科領域作為統整完全的學習內容，摒棄傳統學科本位式的教材編選與教學內容，採合科、統整教學。就縱的連貫而言，歷來課程標準之修訂均分為國中與國小兩組分別進行，以致在學前和國小、國小和國中、國中和高中間缺乏銜接性（游家政，民87）。而九年一貫課程之設計嘗試結合國民中小學，採九年一貫的設計方式，希望減少傳統國中小課程分開設計所可能出現之連貫性、銜接性不足或重複性過高的問題，以提供更適切學生身心發展的課程。從橫的統整而言，九年一貫課程打破學科界線，以「人」為中心，列出必備之「基本能力」及學習領域作為課程內容，學生可對關於個人、社會與自然等課程跨越不同學科領域，穿梭游走於相異之文化邊界，以獲得較為完整的概觀，而不至如以往在學科本位割裂知識地圖下學到的斷裂、零碎、分散與片面的學習經驗。

生活經驗的課程內容

　　學科本位的課程內容明顯反映於課程標準的學習內容上，但隨著學術分化日益專精，哪種學科最為重要，且有資格瓜分課程內容之大餅，就成為相當政治化的過程；而各方勢力妥協結果，常是不斷增加學生學習內容的份量。學生學習的知識似乎隨之增加了，但實際上，在專家學者導向的學科中心課程設計下，教材內容已疏離於學生日常生活經驗，知識學習反成為苦差事與箝制心靈發展的桎梏。九年一貫課程強調以個人生活

經驗作爲學習中心，從關乎個人自我爲起點，擴至個人與社會、個人與自然等人性化、生活化、適性化、統整化與現代化的學習領域教育活動，較能切合學生需求，符應適應個別差異的要求。

基本能力的課程核心

九年一貫課程設計的核心是個人的基本能力。即以學生爲主體，生活經驗爲重心，培養現代國民所需的基本能力，以取代傳統的學科知識。其包括了學會知（主動探索與研究、獨立思考與解決問題）、學會作（規劃組織與實踐、運用科技與資訊）、學會共同生活（尊重關懷與團隊合作、文化學習與國際了解、表達溝通與分享）與學會生存發展（了解自我發展潛能、欣賞表現與創新、生涯規劃與終身學習）等能力。（UNESCO, 1996）。基本能力的培養不僅爲教學的目標，亦爲評量的要項，綱要中即提出，中央應負起建立各學科學力指標以供評鑑教學依據。

批判－代結語

九年一貫課程綱要反映了對於後現代社會的因應之道，採取後現代課程理論強調多元、跨越、統整、彈性等觀點，但亦有一些問題需進一步省思：

缺乏國家目標與民族情感的論述

九年一貫課程強調的是以「人」爲中心，關聯至人與社會

及人與環境間的關係，而提出十項目標。惟在此十項目標中，並未見到國家目標的具體敘述，亦即希望國民教育達成何種國家目標並未詳述。此或許是基於以往台灣教育常因國家政治意識型態介入過深遭致批判所做的修正，希望保持教育中立，不致遭人攻訐爲作爲國家政策與種族情緒等主流意識型態宰制的工具。但國民教育階段作爲國家重要基礎建設之一，不可免的應有一些基本國策、民族情感與社會倫理需藉其加以完成。在後現代主義的狂潮中，九年一貫課程似乎也過度感染了顛覆與反抗主流的意識，走向爲反中心而反中心、要全方位而實際上即沒有任何方位的困窘中。

忽略理論專業而流於市場導向與實踐性格

　　九年一貫課程呈現出來的是反學科專業與本位的傾向，採取的是學校本位的取向並重視課程的實踐性。雖說可以顧及學生生活經驗與需求，較能引起學生學習興趣與關注，亦賦予教師課程設計與編選的權利與責任。但過於反專業與反學科本位，容易忽略學科本身之理論邏輯系統，完全導向實踐性，也可能流於膚淺浮面。另外，教師作爲轉化學生智慧的知識研究與實踐者，是否均具能「恢復」已被「解除」的課程編選與設計的能力，或是流於市場導向，隨主流課程教材市場逐流，忘卻學生需求與專業自主權的發揮，亦需注意，而此宜賴相關師資培育與進修制度協助改進。

參考書目

中文部份

中華民國課程與教學學會（1998），「國民中小學九年一貫課程綱要」北區座談會紀要。《課程與教學會訊》，12。台北：中華民國課程與教學學會。

中華民國課程與教學學會（1998），「國民中小學九年一貫課程綱要」東區公聽會紀要。《課程與教學會訊》，13。台北：中華民國課程與教學學會。

中華民國課程與教學學會（1998），「教學科目的分與合-談九年一貫課程綱要的規劃與實施」研討會紀要。載於：《課程與教學會訊》，14。台北：中華民國課程與教學學會。

周淑卿（民85），課程。黃光雄編，《教育導論》。台北：師苑。

教育部（民87），《國民教育階段九年一貫課程總綱綱要》。台北：教育部。

陳伯璋、周麗玉、游家政（民87），《國民教育階段課程綱要草案—研訂構想》。中華民國課程與教學學會第二屆年會，1998年六月六日。台北：中華民國課程與教學學會。

陳伯璋（民88），九年一貫新課程綱要修定的背景及內涵。《教育研究資訊雙月刊》，7（1），1-15。

張嘉育（民86），教師層級的多元文化課程發展。中華民國課程與教學學會編，《邁向未來的課程與教學》。台北：師苑。

黃政傑（民80），《課程設計》。台北：東華。

黃政傑（民86），《課程改革的理念與實踐》。台北：漢文。

游家政（民87），《再造「國民教育九年一貫課程」的圖像—課程綱要的規劃構想與可能問題》。宣讀於國立台北師範學院「現代教育論壇」研討會。1998年12月9日。

聯合國教科文組織中文部（1996），《教育—財富蘊藏其中》。北京：教育科學出版社。

英文部份

Aronowitz, S. & Giroux, H. A. (1991), *Postmodern Education*. Minneapolis: University of Minnesota Press.

Doll, W. (1993), *A Post-modern Perspect on Curriculum*. N.Y. :Teachers College Columbia University.

Lyotard, J.-F. (1984), *The Postmodern Condition: A Report on Knowledge*. Minneapolis: University of Minnesota Press.

McLaren P .(1995), *Critical Pedagogy and Predatory Culture*. London: Routledge.

Slattery, P. (1995), *Curriculum Development in the Postmodern Era*. N.Y.:Garland.

Vattimo, G. (1992), *The Transparent Society*. Oxford: Polity.

第三章
論九年一貫課程的「統整」問題

周淑卿

前言

　　如果要爲台灣近十餘年的教育改革趨勢賦予一個主題，應該就是「權力解構」或「鬆綁」（deregulation）。風起雲湧的民間教育改革浪潮由民國七十年代末，至今未歇。民間教育改革團體所訴求的更爲自由而開放的教育型態，經由「行政院教育改革審議委員會」所揭示的「鬆綁」原則，而凝聚出當前朝向多元開放的教育改革方向。所謂「多元開放」，在中小學具體而微的作法，在學校整體方向的改變上例如，開放教育的實驗，在學校的課程設計上；例如，學校本位課程發展的倡導；在教學上，例如，田園教學、戶外教學的實施；在評量方式上，例如，眞實性評量的提倡。這種多元開放理念的倡導乃對應於過去單一化、一致化的課程與教學措施，試圖以更爲多樣化的方式讓學生的學習更貼近生活，建立多方面的能力。

　　中小學九年一貫課程架構亦是建立於此種「多元開放」的理念之上，試圖解決過去課程與教學上的諸多問題，如中小學階段課程不連貫、教材未能因應社會變遷而及時更新、課程份量過重、學科林立有礙學習的整體性、課程蘊含意識型態…等。新課程的架構中最爲人矚目之改革重點有三項：其一，知識內涵的劃分由學科改爲七大領域；其二，以學力指標爲主，教材綱要爲輔，作爲各階段教材發展與教育績效評鑑的依據；其三，倡導學校本位課程發展，要求學校教師設計適用的課程。學校本位課程發展在基本理念上大體上爲各界所認同，但是在實際推動的作法上仍備受批評。基本學力指標的訂定雖能改善教材內容齊一化的問題，但其訂定程序被批評爲缺乏實證研究資料支持，其指標之標準可待商榷。而學科重新統合爲七

大領域的架構，則自基本理念至各領域內涵的設計皆引人爭議。

　　本文旨在針對九年一貫課程中學科統整的課題作進一步討論。由課程統整（curriculum integration）的目的與原則檢視一般文獻上所宣稱的統整的課程組織方式，澄清幾個在課程組織上相互混淆的概念，進而思考新課程中課程統整的問題。

課程統整的必要性

　　尋求「現在與過去」、「學校與社會」、「學科與學科」的聯結，而設計為一個特殊的整體的課程，可稱之為課程統整（Beane, 1997, 2）。

　　課程統整並不是一個新的概念；此概念可追溯自十九世紀赫爾巴特與福祿貝爾的教育理念及後來杜威的實驗哲學（Ward, Suttle & Otto, 1960, 42）。赫爾巴特的統覺論，認為「心靈乃是一個統一體」的想法，首先討論到統整的概念。福祿貝爾則認為在孩子的人格成長過程中，經驗的統整與創造性活動是最重要的部分。杜威的實驗哲學則將經驗視為有機體與環境的統整過程，認為兒童的經驗乃是圍繞著其問題與學習目的而統整的。統整作為一個教學的概念，在1930年代進步主義盛行時有快速的發展，於1940年代達到高峰，其後便式微。在進步主義式微之後，課程統整的理念也逐漸為人所淡忘。自1980年代以後，西方各國教育改革銜以追求卓越、效率為目標，在政策上傾向以學科基本能力測驗評鑑學校教育績效，於是學科本位的課程更具優勢。學科統合的課程設計更為人所忽略。然而，與西方課程改革趨勢相反的，日本在1998年提出的新課程

方案中仍維持學科本位課程，但加入了綜合學習時間，用於統整教學；我國甚至於在新課程架構中完全以「學習領域」取代學科。我國的「全盤改造」毋寧是一大膽的改革舉措，之所以有此一全面革新，可歸因於歷年來課程標準修訂始終無法因應或改善愈趨嚴重的課程問題，因而試圖另闢蹊徑。

一般而言，將學科整合的興趣來自於四個因素（Brandt, 1991），以下分述之：

學校的上課時數愈趨膨脹

學科的內容會隨著各學科研究發現的日益充實而增加；新興的學科也將會因文明與科技的進展而逐漸出現。若學校欲將各學科的重要內容完整納入課程中，將使得上課時數愈趨膨脹，而加重學生的課業負擔。我國中小學的課程，在歷次的課程標準修訂過程中，由於學科社群的本位主義，使得各科教學時數的分配往往流於利益之爭，中小學的各科時數徒然成為學科社群勢力消長的象徵。各學科爭取增加時數猶恐不及，於是上課時數更難以削減。為免上課時數過度膨脹，學科知識有必要加以整合。

新的知識無法歸入既有的學科中

現代社會複雜多變，被認為有價值、有必要教導學生的知識未必能納入某種學科的內涵，例如，電腦科技。或者新興議題跨越幾個學科，借用各學科的知識基礎以衡估新的議題；例如，生態保育、兩性問題。如前所述，學校上課時數有限，不可能為新的知識內涵而無限擴張。為使學習更有效，有必要針

對現代生活的重要問題將知識內涵重組。

在學科林立的課程中，學生對於學習感到興味索然，找不到學習的意義

各種學科內容的學習都為了理解、面對人類生活的各項情境與問題。尤其國民中小學教育並非以高深學術能力為目標，而是重在生活基本知能與態度的培養。理想上，國民中小學的學生應該能運用各種學習內容以解釋生活環境中的諸多現象，並因應生活中的實際問題。學生的學習興趣也來自於課程與生活的相關性；愈是生活情境中的材料，愈能引發學習的動機，而其學習結果也愈有意義感。

過去我國的課程標準高舉「生活化」的旗幟亦非朝夕之事，各學科也努力試圖讓教材內容更為生活化。但由於學科疆界強、各學科堅持知識的邏輯順序及完整性，使得學習內容始終分割零散，無法與「完整的」生活經驗結合。如果要讓學習產生意義，學科知識統整是一必要的措施。

學科分立無法幫助學生深思學科知識間的關聯性

基於研究上的需要，知識的專門化將人類的知識分割得愈來愈細，也愈專精。然而，對於學者以外的人而言，學科只是個抽象的類別，當我們面對生活裡的問題或疑難情境時，我們不會問何者是屬於數學、歷史、科學的問題，而只會由所有可能有幫助的地方尋求知識或技巧來因應（Beane, 1991）。高度的知識分工使人與學習疏離，學生與社會、學校疏離，使人轉而追求一種更貼近生活的真實性課程。

多年來，我國的中小學生因應生活實際問題的能力不足，並非他們對學科知識的獲取不足，而是缺乏對知識與生活問題之間關係的理解；他們未能統合不同領域的知識以解決一個實際問題。在任何一個生活情境中，我們所面對的問題都是多面向的、複雜的，需要運用的能力與知識也不限於單一學科。換言之，我們是以統整的知能而非單一學科知能去因應外在環境的變化。學科課程將知識分割成互不相干的幾個範圍，似乎毫無交集。但是事實是，不同學門的觀念有時也會互相借用；經濟學可以在歷史課程裡上，人類學的知識也可以放在地理課當中。具體的社會實體並不單獨反映在任何一個學科的學理中。所以課程的設計應該讓學生掌握學科知識之間的關聯性，以統整的概念面對生活的情境。

典型的學校課程中，孩子如同在拼圖，由各獨立的學科知識一片一片拼湊碎片，卻不知完整的圖形為何。他們要憑著信念，相信它終將拼成一幅完整的圖畫，才可能繼續這樣的工作（Beane, 1991）。知識的分工與專門化雖然造就了學科專家，但是學科本位的方式在課程設計上卻不理想。真正的學習是由個人與環境的互動中，將經驗統合到個人的意義系統中；所以統整其實是每個人都在做的事。雖然學生或許可以自行統整不同學科知識，然而卻要經歷比較艱難的過程。學科本位課程中，課程並不自行統整，卻將知識、能力統整的責任交給學生。只不過，當我們教導一些零碎知識而要求學生自行統整，這樣的課程等於沒有設計過。

課程的重新組織可以幫助學生統整學習內容，使教育與生活的關係更為接近。試圖將學習方案中各自分立的部分聯結得更緊密，這即是課程統整的目的（Glatthorn & Foshay, 1991）。

課程統整的兩個理據

各自獨立的學科知識需要統整，但統整不應僅僅基於一種想當然爾的應然，而必須有其理據（rationale）。論及課程統整的理據，大抵有兩種取向：其一是基於某些不同的學科知識間具有共同的邏輯結構、方法或相近的中心概念，故而可予統整。其二是基於社會生活的實際經驗原本即是諸多相關知能的綜合，所以可以統合不同的學科知識共同解決一個問題。第一種取向可以赫斯特（P. H. Hirst）的論點為代表；第二種取向可以杜威（John Dewey）觀點為代表。

Hirst的論點－依知識的形式而統整

Hirst（1974）認為知識可以依據所含的概念架構的特質及真理的標準，區分成七種不同的知識形式：數學、經驗科學、人文科學與歷史、宗教、道德、文學與藝術、哲學。而他所說構成一種知識形式的標準是：

1.包含有某些中心的特殊概念。
2.有一種清晰的邏輯結構，使其中所含經驗可被理解。
3.有一些說明或陳述，可以由經驗中檢證。
4.具有特殊的技術或技巧可探究經驗、檢證其說明。

Hirst（1974）認為，掌握與理解知識形式—其中心概念、概念間的邏輯關係、判斷命題的真理規準，是課程設計的先決條件。他主張教育的重要目標之一是讓學生認識各種形式的知識，而在知識形式的關係結構中成就心靈的整全發展。課程要

培養學生能在不同知識形式中思考，即獲得思考的基本元素，心靈將因運作這些元素而成為統一體。

學校傳統上以學科為主的課程表是以理解形式建構課程目標的設計方式，而此種分科課程的理由則是知識具有不同形式，依各不同形式分設學科是組織學習內容的最佳方式之一。然而，他也指出既有的學科仍過於分散，基於協助學生學習的立場應重新統整。而統整的方式有二：其一即是將既有的學科依其中心概念、規準、研究方法歸入某一知識形式中。例如，文學與藝術的中心概念是美的、和諧的、優雅的、具有風格的；其規準是變化的、合乎形式本質的（例如，文學的主題、美術的想像力、音樂的節奏）；其研究方法是直覺、想像、感受（Hamn, 1989）。所以舞蹈、音樂、戲劇、雕刻、文學皆可納入此一形式中。同理，物理、化學、生物以自然事物為對象，以實證資料為真理規準，以觀察、實驗、控制條件為研究方法，可歸為經驗科學的形式。

其二是不同的知識形式間的統整。Hirst認為各種知識形式之間的邏輯各異，沒有知識邏輯上的關係，但卻不表示它們之間毫無關係。他認為可能的統整方式是：當各形式的知識共用某些概念，在課程中即須設計各形式間統整的單元。但他特別說明，通常是某一形式應用其他形式知識來解決問題的情形較多（例如，運用數學解題方式於自然科學中），很少能以共同概念來統整不同形式的知識。例如，因物理學與數學的共同目標而統整為一個單元。但是由於兩種知識的邏輯不同，聯結性較弱，也較無系統性，在各形式概念的引導上很難成功（Hirst, 1974, 149）。所以單元設計要注意可能統整的與不可能統整的知識形式間的關係（Hirst, 1974, 145）。

Hirst（1974, 151）認為只有為幫助學生理解有必要時才作

不同形式知識的統整，換言之，統整不能優先於知識形式的邏輯性；不能為統整而統整，反而忽略了知識形式的邏輯性。他強調只有在同一形式中才有完全的課程統整。

杜威的觀點－以社會生活為中心而統整

杜威認為，人類的社會由簡單而複雜，卻讓孩子失去了直接參與真實社會生活事務的機會；學校的教育與社會生活似乎毫不相干。原本社會生活的內容即是教育的目的，但是隨著社會的複雜化，學校科目的材料與社會群體的習慣和理念，二者的關聯性就被隱藏起來了，其連帶關係鬆散得似乎不存在。教材的存在似乎是作為知識的本身，應當獨立存在。讀書上課純以精通這些獨立自存的知識為能事，沒有其他目的，也不顧及任何社會價值（林玉体，1996, 204）。杜威也批判學校並未努力將整個社會文明所累積的大量訊息轉化為兒童的直接經驗，於是知識對兒童而言變成了他人所確認的一堆事實和真理，是一個一個各自獨立學科的陌生內容，教材則成篇累牘地排列在圖書資料中。原本這些學科知識皆提鍊自社會生活，而今好像一個高懸於上的實體，卻和兒童的生活沒有任何關係。由小學到大學，科目仍然是編製課程的原則，只不過是較簡易的部份教給幼齡兒童，較困難的部份留給較大學生（林玉体，1996）。

教育即生活，課程設計應依據當前社會生活的需要選擇適切的材料，作適當的組織。在教材選擇上，應將社會中最基礎的、最大多數人共享的經驗列為優先，其次才是代表專業團體的或技術上所追求的東西。因為教育應當先重視人，然後才重視專業（林玉体，1996, 216）。什麼是社會生活中基本的、重

要的事情，可作爲課程的主題？杜威認爲是社會中重要的態度與價值觀。所謂次要的專業知識，則如讀、寫、算等傳統上所認定的主要知能。

由教師的觀點來看，不同的學科代表著一種可利用的資源，但因爲與兒童經驗距離太遠，所以學生的學習材料不能與大人的材料組織方式合而爲一。且兒童的經驗組織是以直接又實際的興趣作核心，並非分割零碎的狀態（林玉体，1996，205-6）。所以教師應將以社會生活爲中心，將各種材料作適當的統合，以符合兒童學習的需求，並培養兒童參與社會生活所需的知能與態度。

對於杜威等進步主義者而言，課程發展的努力在於使教育適應當前的社會環境，幫助學生參與社會。而統整課程是達到此目的最可能的方式（Connole, 1937, 28）。

上述兩種課程統整的觀點，其一是以某些學科知識具有同一知識形式，而認爲可進行課程統整；強調的是學科與學科間的聯結。其二是以社會生活即兼容衆多學科知識，社會生活的主題即是統整的基礎；強調的是學校與社會的聯結。這兩種觀點爲課程統整之所以可能，提供了理論基礎。

課程統整途徑之辨析

通常所謂「課程統整」作法如下（Connole, 1937, 1-2）：

1.將各分立的學科相互聯結一個整體。
2.將幾個學科融合爲一個新的整體。
3.以某個非學科的主題爲中心設計一個單元，兼含數種學

科內容。

4.將學科教材重新選擇、排序、分群。

5.在某一段時間裡以某個主題爲中心，實施跨學科的整體
　性工作。

6.組織某些經驗及學習型態以發展個人的創造性、欣賞能
　力、合作能力等生活能力。

7.以某個學科或經驗爲核心組織材料（類似核心課程）。

　　上述七種課程統整途徑蘊含的所謂「課程」「統整」的特
質是：第一，要打破學科知識的疆界；在任何單元或課當中所
包含的知識不再具有本來學科的身份，而應是一個新的整體。
依此，聯絡教學因仍維持原來學科界限，只在與其他科目有關
的部份順帶提及其他科目內容，不屬於課程統整的設計。高
中、高職的「社會科學概論」只是將社會學、心理學、法律學
等內容合併爲一冊，並未融合；或國小社會科若未能將歷史、
地理、公民等內涵融合，只是在不同單元放置不同科目；皆不
能稱爲課程統整。第二，是教材或活動的組織統整，而非呈現
分散的內容，要求學生自行統整。第三，能協助學生發展出綜
合性的能力，而非單一學科的學習結果。

　　在眾多學者的說法中，課程統整的途徑並無太大差異，然
而各學者所賦予的課程組織名稱卻有相當大的出入，混淆了許
多名詞與內涵。甚至於名之爲「統整」，實際上卻無統整的內
涵。以下分述數位學者觀點，並依前述課程統整的意義逐一辨
析。

Glatthorn & Foshay（1991）認為統整的方式有四種

關聯課程

關聯課程（correlated）：將兩個以上的學習領域聯結，於是當學生學習一個領域的內容時，也同時增強或建立了另一領域的概念。例如，以數學作為自然科學的工具；文學與歷史因相同主題而聯結，相互增強概念。

廣域課程

廣域課程（broad field）：以一個問題為核心，接續帶入不同子題，而自不同學門中的材料。例如，學習台北市的發展，以經濟問題導入，由於經濟發展涉及地理環境，於是接著討論到地理位置的關係，然後談到重大政策。如此一來，學科變成強調的重點主題，而不再是學科的原本身分。

科際課程

科際課程（interdisciplinary）：亦即通常所謂的「合科課程」。由幾個學科合而為一，例如，社會科（social studies）。

超學科課程

超學科課程（transdisciplinary）：忽視學科原有的界限，依學習經驗或社會問題設計課程。

Vars（1991）認為的三種課程統整形式是

相關式

相關式（correlation）：不同學科的教師一起處理一個主題的不同層面問題。實際設計時，可能是全校所有教師共同設計主題，在各科的教學中討論此主題；也可能是幾個科目的教師一起設計主題，再將之與既有的各科內容作關聯。

融合式

融合式（fusion）：合併幾個學科成為新的課程；例如，社會科。

核心式

核心式（core）：以學生生活中的問題、需求、關切的主題為中心，帶入不同學科的材料。而作為核心的主題也只是個非結構式的核心，可以隨時依師生互動情況作調整。

Drake（1991）主張三種統整方式

多學科課程

多學科課程（multidisciplinary）：以某個主題為中心，將各科材料納入其中。

科際課程

科際課程（interdisciplinary）：選取某些重要活動或知能，打散到各學科中。例如，以語文能力、說故事能力、數字

能力、研究技巧、合作學習、思考技巧等為核心，在活動中分別運用文學、科學、歷史、地理四個學科內涵來培養核心知能。

超學科課程

　　超學科課程：不考慮學科的知識結構或內涵，完全去除知識的學科標籤，而完全以各種活動設計課程。

Fogarty（1991）提出十種統整模式

　　Fogarty的課程統整模式，廣為國內學者所引用。但是其中分科式（fragmented）、關聯式（connected）、窠巢式（nested）仍是學科各自獨立的，只是要求各學科在技能、概念的介紹時應注意相關性。次序式（sequenced）只是兩個學科間的概念介紹應注意順序性；共有式（shared）類似聯絡教學；網狀式（webbed）是以概念或主題為核心，抽取各學科的相關要素，屬於多學科課程；貫串式（threaded）則以某種知能、技術貫串各學科的學習內容，屬於科際式；統合式（integrated）擷取學科間重疊的概念與主題，組成一種模型。沈浸式（immersed）與網絡式（networked）則將統整的責任加諸學習者身上。嚴格說來，屬於統整課程設計的模式應只有網狀式、貫串式、統合式三種。

　　歸納上述學者的觀點，可發現符合統整原則的途徑有六種，如表3.1所示。若依Hirst與Dewey的不同觀點來分析，上述六種途徑中只有「融合式」合乎Hirst的統整原則－依據知識形式而統整。例如，將化學、物理、生物、地球科學等學科融合為自然科學，乃是因為這些學科有相似的知識邏輯和研究方

表3.1 各學者對課程統整途徑的定義比較

統整 方式　　學者的定義	Glatthorn & Foshay	Vars	Drake	Fogarty
1.兩個以上的學習領域或學科因重疊的內容而聯結	關聯			
2.在同一主題中接序引入不同領域概念來介紹主題內容	廣域			
3.將數個學科融合為新的學習整體	科際（合科）	融合式		
4.以某個主題為核心，擷取各學科材料		核心式	多學科	網狀式
5.以某些知識、能力貫串各科學習內容			科際式	貫串式
6.去除學科界限，完全以生活經驗或活動設計課程	超學科		超學科	統合式
不屬於統整的組織方式	相關式			分科式 關聯式 窠巢式 次序式 共有式 沈浸式 網絡式

法。其餘五種途徑則因學科的某些主題內容相近，或可以同一主題相互關聯而統整。

　　此外，比較上述六種課程統整途徑，因知識的學科身份強度不同，其統整的嚴謹程度其實仍有差異。第六種超學科或統合式完全去除知識的學科身份，其餘的五種途徑，知識的學科

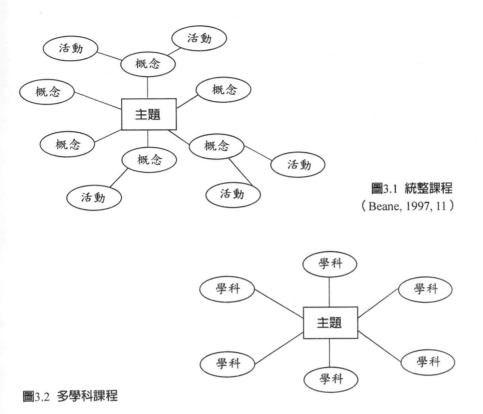

圖3.1 統整課程
（Beane, 1997, 11）

圖3.2 多學科課程

界限仍然未完全去除，而是由各學科中取材納入某個主題、活動或單元中。依照Beane（1997）對課程統整的界定，這五種途徑也不能稱爲統整。Beane（1997, 10-11）認爲多學科的課程與統整課程的概念是不同的。課程統整的計畫是以某個中心主題爲起點，透過認識與主題和活動相關的、可用以探索這主題的大概念或觀念而逐漸擴展出去。此種課程設計與學科領域的界線無關，因爲其重要目的是探索某個主題（如圖3.1）。然而，多學科課程的設計起點卻是先確認不同學科身分以及各學科中與主題有關的內容或技能（如圖3.2）；當設計者在選取

主題時必然是先問一個問題─每一個學科能對這個主題提供什麼貢獻？於是，雖然各學科都與主題相關，課程的最重要目的仍然是要學生熟悉學科內容。相反的，在統整課程中，學生的學習是活動（方案）接著另一個活動（方案），每一個活動（方案）中都包含各種來源的知識。多學科課程以學科內容為起點和終點，而統整課程則起自某個問題，而以問題解決為目標。

　　Beane的說法是最理想的課程統整模式，確實最能打破學科疆界，達到「學科與學科」的統整；藉由主題─概念─活動的設計，能達到「學校與社會」統整的目標。然而在實際作法上，這個模式也難以脫離學科的制限。當課程設計者根據中心主題選取概念時，在實際思考及取材上也很難跳脫學科範圍。因為各學科的概念經由學科社群的不斷研究而逐漸充實，這些概念已成為課程中的基本素材。課程設計者在選取概念時，很自然地會由既有的學科概念中取材。如此一來，彷彿又落入Beane所批評的多學科課程模式。如果要說這個統整模式與多學科模式的差異，應不在於選材來自何處，而是課程目標主要在使學生熟悉學科概念，抑或是能運用這些概念來探索、理解中心主題。

　　以目前研究領域高度分工而專精的狀況，中小學課程的統整要完全脫離學科範圍來思考，似乎已是不可能。事實上，既有的或新興的學科概念都是學術社群研究成果的結晶，本身即是人類社會的文化菁華。課程統整不能也不須脫離這些概念。在進行課程統整時，設計者所應避免的是不再讓各學科概念各

自獨立，毫不相關；盡可能讓各種學科的概念綜合運用於生活問題的理解，讓學生由課程中所學到的是面對生活的統合知能，而不是零碎片斷、不知與生活何干的知識。

新課程架構中「統整」的問題

九年一貫課程揭櫫「課程統整、能力統整」的新方向，以十項基本能力為目標，將原來中小學的學科重新統合為七大領域—語文、健康與體育、社會、藝術與人文、自然與科技、數學、綜合活動；原有的教材綱要變為次要，而以學力指標為主，藉以引導學校進行學校本位的課程統整設計。由前文所論述之課程統整的理念與途徑，檢視新課程的「統整」內涵，有如下幾項值得再思考的問題。

七大領域的學科統整缺乏合理依據

七大領域各自整合了部份學科。然而，何以是這七種整合方式，而不是其他方式？表面上看來這種「分類」方式，以及目前發展中的各領域基本能力內涵，似乎接近Hirst依知識形式統整課程的觀點。若然，又難以解釋健康與體育、藝術與人文、綜合活動三領域的架構。健康教育的內容不僅是生理，還有心理，有關心理健康的概念無法與體育聯結。人文的界定原本較有疑義，若以人類社會文化的兩大分野—自然與人文社會的概念界定之，則人文無法與社會科脫離關係。如此，人文與藝術依據何種相近的知識形式而整合？綜合活動將原來學校中的各種活動課程納入，然而，這些活動的本質、功能並非相

同。例如，輔導活動以心理健康為目標，團體活動或社團活動發展學生的才能，童軍活動以群性培養為主。而這些活動本可和其他學習領域統整，如今又將之單獨劃分出來，有違課程統整精神。

七大領域的設計限制其他變通性

承前述，七大領域的學科整合不合乎知識形式的統整原則。另一可能的方式是以某個主題或某種知能（例如，溝通、表達能力、合作學習能力）為中心，統整相關的學科。然而，若循此原則，任何科目皆有可能相互關聯，而不限於七大領域所界定的統整方式。例如，以某個城市的發展狀況為主題，歷史、地理、藝術、科技都可能納入此單元中。若依七大領域的學科整合方式，則各領域只能就所包含的學科知能作關聯，限制了跨領域不同學科間統整的可能性。然而，依照不同的統整途徑，課程統整可以呈現許多不同的樣貌。

事實上，目前各領域所發展的基本能力內涵，仍有重疊的可能性。例如，社會科基本能力草案，分為九大主題軸－「人與時間」、「人與空間」、「演化與不變」、「意義與價值」、「自我、人際與群己」、「權力、規則與人權」、「生產、分配與消費」、「科學、技術與社會」、「全球關聯」（黃炳煌，民88）。在演化、科學技術的主題上會與自然科技領域重疊，在意義與價值的主題上會與人文與藝術領域重疊。這些主題的重疊顯示了不同領域的不同學科有統整的可能性，而各領域也有再統整的可能性。若各領域維持各自分立的狀況，將限制更多統整的可能性。

如果要依主題統整學科，有無數種不同的可能性，這些可

能性的優缺點也見仁見智。無論要如何將不同學科歸類，都是一種武斷的決定。然而，當一個全國課程架構作了一種決定而要推行至每個學校，這種決定就限制了其他可能性，也違反學校本位課程發展的精神。

學力指標難以引導學校本位的課程統整

　　課程統整的可能途徑很多，原本即適合學校本位課程發展，而不適合以全國性的課程架構呈現。Beane（1997）認為全國共同課程是由一個社會共同價值觀與基本重要知能所構成，所以無論哪些學校教師來設計統整課程的主題，這些主題與相關的知能、內涵都相去不遠；因此，以統整課程理念來建構全國課程並非不可能。然而，單是主題並不足以引導學校進行課程統整；因為對於學校教育人員而言，要找到適合學生能力與興趣的主題不是問題，困難的是由何處擷取所謂「重要」的概念。

　　九年一貫課程為避免限制學校課程設計的多樣性，以學力指標作為各領域的主要內涵，而以教材綱要為輔；又惟恐學校教育人員在進行課程統整的規劃時，不知如何取材以適切安排各概念間的層次性，將另行規劃教材綱要。這些學力指標除了必須列出各領域所包含的重要概念，又必須加以統合，非常不容易訂定。目前又迫於九十學年度即將實施新課程的時限壓力，更缺乏研究的時間，其適切性引起各界諸多質疑。而所附的各領域教材綱要可能會使各大領域變成另一種「大」學科，

而使得未來的教科書照綱要編寫，而學校繼續按照教科書上課。結果可能是教科書的書名更換而已，卻無法真正引導學校本位的課程發展。

況且，學力指標的功能本在檢核績效責任；學校可以用任何一種課程設計方式幫助學生達到學力指標的水準，不限於課程統整的方式。跨學科的課程設計也無法滿足教育監督的要求，因為它甚至無法定出各年級知識層級的線性架構。教師不能因為正在教某個年級就改變主題內應該包含的要素。似乎是必須放棄知識的次序性、線性結構的概念，改變主題的複雜程度，而不是去改變主題內所須包含的內容，才能進行課程的統整（Drake, 1991）。然而，學力指標卻重視概念的次序性，希望明確指出不同年齡層或發展階段的學生應獲得哪些不同層次的概念或能力。所以，學力指標其實很難引導課程統整。再加上規劃時程倉促，未能讓學力指標內涵在學校中實驗，使其可行性更受質疑。

七大領域的時數分配限制課程統整的彈性

九年一貫課程綱要限制各領域的教學時間：語文領域佔基本教學時數20-30%，其他六領域佔10-15%；另有20%彈性教學時間為學校行事節數及班級彈性教學節數（教育部，民88）。課程的統整原本即可能跨越各種學科，而非如七大領域所界定的而已。所以實施統整課程不可能限定教學時數；究竟要利用多少教學時間完成某項目標，或建立學生某種概念、能力，皆要視學校實際的課程設計而定。若依目前的時數分配，顯然，語文與數學時數最多，健康與體育次之，至於一些包羅萬象，內涵繁雜的社會、藝術與人文、自然與科技所分配的教學時最

少。新課程不希望重蹈學科時數爭奪之覆轍，或者在課程架構上就暗示不同學習內容價值性的差異，然而如此分配時數，與舊課程的問題無異。更重要的是，新課程的方向是學校本位的課程統整，希望學校有更大的課程自主性，然而，時數的限制卻又使得學校必須照章行事。如果學校要自主，就應當有充分的權力支配課程時數，至於教育績效如何，則是教育評鑑的工作了。

若依前述六種課程統整的途徑進行課程設計，每一種途徑可能利用的時間皆不相同。新課程架構又豈能一面倡導學校課程自主，一面限制學校的彈性。

結語

九年一貫課程架構其實擔負了過多的使命，試圖畢其功於一役，將過去中小學課程的問題一舉解決。然而，整個的課程架構規劃以至各領域基本能力指標的發展，時間上過於倉促，並未能充分進行研究，也未能等待各界論辯。以七大領域試圖引導學校進行課程統整，看似合理，但是卻忽略了七大領域統整方式的限制性；以學力指標配合教材綱要，試圖給予學校更大的彈性空間，卻忽略了能力指標的知識次序結構是否能與課程統整配合；以學校本位的課程統整為訴求，卻又以教學時數限制了學校的課程自主。這些問題可能使得課程改革的結果是「雖然改革了，但並沒有產生新的結果」（歐用生，民86）。

課程統整並不只是一種課程組織的技術，而是一種對教育目的、學校本質、知識功能的理念。如果只是將相同知識形式的學科統合，或者只是選擇一個主題將學科作關聯，並不能算

是課程統整。課程統整必須讓知識與生活結合、學校與社會聯結，讓學習者體認到學習的意義；失去了這個功能，課程統整的任何模式都只是個形式。

目前九年一貫課程發展的工作還在理想課程的規劃階段，但已引發眾多質疑聲浪，距離運作課程還有更艱辛的路程。如果不能有更充裕的時間讓學校教師認同課程統整，並且體認課程統整的精神，屆時新課程仍然可以實施。只是我們將會看到學校教師努力學習各種統整的技術，編製出一些「名為統整，實為學科」的課程；或者更等而下之的，一些手足無措的教師在教室中漫無目的地上課。

參考書目

中文部份

林玉体（譯）（John Dewey原著）（民85）。《民主與教育》。台北：師大書苑。

黃炳煌（民88）。《邁向二十一世紀的台灣社會科課程改革》。1999年亞太地區課程改革國際學術研討會論文。

歐用生（民86）。當前課程改革的檢討。載於歐用生主編，《新世紀的教育發展》。台北：師大書苑。

歐用生（民88）。從「課程統整」的概念評九年一貫課程。《教育研究資訊》，7（1），22-32。

教育部（民88）。《國民教育階段九年一課程總綱綱要》。台北：教育部。

英文部份

Beane, J. A. (1991). The middle school: the natural home of integrated curriculum. *Educational Leadership*, 49(1),9-13.

_____(1997). *Curriculum Integration-designing the Core of Democratic Education*. New York: Teachers College, Columbia University.

Bellack, A. A. (1977). The structure of knowledge and the structure of the curriculum. In Arno A. Bellack & Herbert M. Kliebard (Eds.) *Curriculum and Evaluation*. Berkeley, California: Mr. Cutchan Publishing Corporation.

Brandt, R. (1991). On interdisciplinary curriculum: A conversation with Heidi Hayes Jacobs. *Educational Leadership*, 49(1),25-26.

Connole, R. R. J. (1937). *A Study of the Concept of Integration in Present-day Curriculum Making*. Washington, D. C.: The Catholic University of America.

Drake, S. M. (1991). How our team dissolved the boundaries. *Educational Leadership*, 49(1),20-22.

Fogarty, R. (1991). Ten ways to integrate curriculum. *Educational Leadership*, 49(1), 61-65.

Glatthorn, A. A. & Foshay, A. W. (1991). Integrated curriculum. In Lewy, A. (Ed) *The International Encyclopedia of Curriculum*. Oxford: Pergamon Press.

Hamn, C. M. (1989). *Philosophical Issues in Education: An Introduction*. London: Taylor & Francis.

Hirst, P. H. (1974). *Knowledge and Curriculum*. London: R. K. P.

Vars, G. F. (1991). Integration curriculum in historical perspective. *Educational Leadership*, 49(1),14-15.

Ward, J. M., Suttle, J. E. & Otto, H. J. (1960). *The Curriculum Integration Concept Applied in the Elementary School*. Austin: The University of Texas.

第四章
九年一貫課程的學校課程自主
：一個學校本位課程發展的實例與啓示

張嘉育

九年一貫課程的學校課程自主特色與範圍

　　1960年代在澳英美等國盛極一時的全國課程發展方案，以縮短學術新知及學校課程的差距爲目標，由校外學者專家主導，不但未能兼顧學生興趣、社會實際，而且忽略學校與教師的課程主體，終而引發困境，遭致批評。學者在體認學校與教師的課程關鍵地位之餘，萌生「學校本位課程發展」（school-based curriculum development, SBCD）的論述，希望藉此鼓勵學校成員的課程反省，強化學校變革的機制，落實課程改革的理想。此一觀點提出後不但獲得學界的重視，也成爲許多國家的教改標語。

　　探查國內近年來的教育發展，受到國際潮流影響以及各界對僵化教育體制的不滿，也開始有重組課程權力、重視學校本位課程發展的跡象。民國70年代政治威權鬆動，首先，帶動中小學教科書的開放編輯、學校選用；而在各教育當局的大力推動下，多項強調學校課程革新的實驗方案例如，田園教學、開放教育也熱烈展開。民國82年各級學校新課程陸續公佈，其中更一再以「擴大學校課程彈性」爲課程修訂的著要特色（教育部，民82；民83；民85）。

　　只是，此樣的課程變革速度與幅度似乎仍不能回應社會變遷的腳步，滿足民間的教改需求。民國83年，政府爲表明教改決心，吹響「教育改革年」的號角，成立「行政院教育改革審議委員會」（簡稱「教改會」），規劃全國的教改方向。85年年底「教改會」任務完成，發表《教育改革諮議總結報告書》，文中建議：「政府應儘速建立基本學力指標，從事有關課程發展的基本問題研究，並建立課程綱要的最低規範，以取代現行

課程標準，使地方、學校及教師能有彈性的空間，因材施教或發展特色」（行政院教改會，民85，38）。

　　86年四月，教育部迅速組成「國民中小學課程發展專案小組」，接續「教改會」的主張，著手新一波的國民中小學課程修訂事宜。翌年五月初稿確立，經由各界交換意見與專案小組的修正後定案，87年九月三十日教育部對外公佈「國民教育階段九年一貫課程總綱綱要」以及民國90學年度（公元2001年）起分段實施的時間表（教育部，87.9.30；《自立早報》，87.10.1）。

　　檢視此一綱要內容，不但打破了長久以來制式的課程標準形式，也拆解分科林立的教學科目，將國民教育課程分為語文、健康與體育、社會、藝術與人文、數學、自然與科技以及綜合活動等七大學習領域，具有課程統整的精神。此外，更決定於課程架構中留給學校較大的課程自主空間，突顯出「學校本位課程發展」的特色。

　　因此，未來國民中小學的學校課程自主範疇除了潛在課程的規劃外，可發揮的自由度極大，有佔總教學節數20%的彈性授課節數、佔總教學節數80%的基本教學節數的8-24%選修節數以及教學時間的安排（參見表4.1）。就「20%的彈性授課節數」而言，又可區分為「學校行事節數」與「班級彈性教學節數」。前者在提供學校規劃辦理全校性與全年級的活動，或執行教育行政機關委辦的活動，或依學校特色設計課程、活動；後者則在提供各班教師實施補救教學、充實教學、班級輔導與增加學科教學節數之用。至於所謂的「基本教學節數」則在進行七大領域的學習，其中又分必修與選修兩者。在一至六年級階段，學校可開設10-20%的選修節數，在七至九年級階段學校則有20-30%的選修節數。除此之外，學校還可在授滿基本教學

表4.1 九年一貫課程架構中的學校課程自主空間

類別	基本教學節數		彈性教學節數	
	一至六年級	七至九年級	學校行事節數	班級教學節數
必修	80-90%	70-80%	不限制	不限制
選修	10-20%	20-30%		
合計	80%		20%	

節數的前提下，自行安排各科各週教學節數，視需要調整學期週數、每節分鐘數以及班級、年級的組合。

　　雖然，彰顯學校課程的主體已成此波課程改革的重點；但學校及教師能否順利承接此一角色，遂為各界眾所矚目的焦點。日前，教育部召開「全國教育改革檢討會」，與會學者與基層教師即對九年一貫課程的學校課程自由度加大，由學校自行規畫，持有疑慮（《自由時報》，88.5.18.）：另外，有學者也指出：學校教師對學校課程自主與學校課程發展仍相當陌生，九年一貫課程賦予學校及教師課程自主權責的具體景象亟需清楚實例，作為說服的理由（黃政傑，民88）。

　　事實上，國內現有的課程研究成果是否足以提供國人一個清楚的學校課程發展圖像也確實令人懷疑。近來，有關學校課程發展的論述雖不少（例如，黃政傑，民74；王文科，民86；中華民國課程與教學學會，民87；黃惠珍，民87）；唯這些論述注重於學理的引介分析，偶有實例的探究，也以國民教育階段外的學校為探討對象，對國民中小學學校課程發展的經驗說明仍付諸闕如。

職此，本文即在藉由一個個案學校實況的披露與分析，說明其課程發展的過程與結果，指出其中所代表的意義與啟示，作為未來九年一貫課程實施之際，國內學校可以參考反省的架構，提供理念之外的一個實際營運圖像。

一個學校本位課程發展的實例

學校課程發展的背景

　　柑園國中位於台北縣郊，成立於民國64年，原為分部，68年始正式獨立設校。設校之初，師生僅300餘人，規模甚小。家長普遍務農，社經地位不高，而教師則因交通不便，流動頻繁，多客居於此；唯全校在首任校長的經營下，師生情感融洽，校園文化溫暖質樸。76年2月新校長到任，學校情勢跌至谷底。校園荒蕪，學生常規失序，煙毒、暴力進駐校園，畢業典禮還得出動警察維持秩序。民國78年幾次爆發的師生衝突事件，更讓「人本教育基金會」介入處理，一時間學校元氣大傷，教育機能幾乎癱瘓。

　　到底學校應何去何從？幾位家長自問之餘，率先展開了行動。他們踏出的第一步，是主動尋覓一位願意耕耘學校的校長。81年，柑園子弟出身的現任校長臨危授命，重回柑園。一場學校變革猶如箭在弦上，不得不發。為找回孩子虛擲的青春，點燃學校的活力，重振學校士氣，校長針對學校地理環境、規模、師資、學生、家長、行政人員、社區參與、地方資

源、硬體設備等條件進行評估，希望從低迷的校園氛圍中，辨明優劣情勢，尋求可借力使力的切入點。81學年度起，學校依據情勢分析的結果，開始整合社區與學校的力量，陸續推動各項方案，一方面嘗試凝聚親師合作的團隊，再方面解決學校的教育問題。

學校課程方案概述

《優質校園文化方案》

81學年，學校推動《優質校園文化方案》，希望藉由硬體環境與訓導工作的整治，營建一個具有教育及人文氣息的學習環境，孕育精緻的校園文化。硬體環境整治的部份，主要由「發現一座運動場」、「用愛彌補傷痕」、「世外柑園」與「眞善美系列」等四個帶狀活動所組成，歷時一年。

訓導工作方面，則引用品管大師戴明（W. E. Deming）的全面品質管理哲學，重新定義訓導的意義。基於訓導工作不能僅消極被動地解決問題，而應主動營建一個穩定的校園文化，改善學校教育的生產系統，學校舉辦了「小領袖訓練營」，調訓各班幹部；同時模擬眞實選舉，成立「柑園自治市」，藉由學生自治團體的運作，使學生熟悉民主政治的運作模式，協助校務的發展。此外，學校也辦理「文化列車」、「快樂柑園人」、「歡樂大進擊」、「青春開步走」等活動。這些活動有的是配合台北地區的藝文活動，由學校提供交通車，學生自由參加，每次繳交50元交通費，額滿便自動啓程；有的則是結合學校重大工程的啓用典禮，規劃長達一個月的藝術月，讓學生自行設計表演；有的則是利用課間時間進行的簡易活動，例如，

金臂人大戰、棋類競賽、親子籃球鬥牛等。活動剛推出時，學校擔心無法引起共鳴，還設計海報著色比賽，利用美術課人人參與，炒熱校園氣氛。

《社區總體營造計畫》

民國82年，學校結合柑園國小家長會及教師成立了「柑園文教基金會」，以提昇社區文化，凝聚社區意識，關心社區裡的學校教育為創會宗旨。曾辦理過的活動有以社區居民為主角的卡拉OK歡唱，邀請國內外知名藝文表演者擔綱演出的藝文活動，也曾設置「社區學苑」，聘請學者專家擔任講座，提供社區人士親職教育等知能。

83年文建會的「社區總體營造」號角響起，帶動了學校幾方面的反思。首先，學校是社區的一部份，只有家庭、社區能發揮教育力量，學校教育才能獲得加乘的效果。其次，教師常對社區的風土人情不了解，學校的活動也甚少感應社區的傳統民俗，不但使學校淪為社區的租借地，受教的過程也成為「忘記家鄉的過程」。因此學校決定自我定位為「社區學校」，以學校老師為「社區教師」，將培育社區人才，傳揚社區文化，提供公共空間，建立社區學習機制作為學校辦學的目標。

除擴大目標，學校也開始懷疑慣用的「嘉年華會式」的社區營造路線是否能提昇社區文化品質，而高高在上的「作之師」領導姿態又能否完成打造社區的夢想？思量再三，學校決定調整角色，由學生組成「社區總體營造種籽團隊」，以更深入社區、貼近社區的方式進行社區文化的耕耘。

《學校之光·班級之華──班級總體營造計畫》

《社區總體營造計畫》的推動，使學校體會到社區總體營造並不等於社區藝文活動的辦理。因為，藝文活動的歡樂後，

社區的參與仍無法提昇、社區的意識仍無法凝聚；唯有將社區營造活動轉換成一套學習機制，讓社區成員嫻熟社區參與的模式，社區總體營造的夢想才可能實現。其中，學生作為社區的未來推動者，應敏覺生活周遭議題，具備尊重異己的胸襟，具備參與公眾事務的能力。於是，學校將社區總體營造的操作模式置於班級經營中，以學校為社會，班級為社區，希望學生透過合作去營造個人與團體，展現自我的光華。

整個活動以一學期為期程，共18個主題，利用班會時間實施。首先讓學生經由討論，描繪自己班級的夢想，接著展開社區、學校與班級資源的踏查，檢視現有資源，據以修正夢想，然後擬訂各班的班級總體營造計畫，建立班級宣言、班級識別系統等。接著將班級宣言與班級識別系統運用在班級空間與生活空間之中，配合班刊的出版，各種班級活動的設計等，進行公關與宣傳，實現班級的夢想。

《海闊天空課程實驗方案》

84年12月，縣府指示縣內國中自85學年度起需針對中輟、違規、高智商低成就的學生實施「高關懷學生彈性分組教學方案」，同時補助每所學校10萬元做為經費。由於先前教育當局所交辦的方案早已超過學校的負荷；何況此方案僅以少數學生為對象，未能兼顧全校學生的需求。因此，整合這些專案，突破現有課程體制，讓全校的每一名學生都成為高關懷的對象，遂成為學校另一個課程改革的出發點。

此構想歷經方案的醞釀、實施與修正，在85學年度下學期正式定案為《海闊天空課程實驗方案》。方案的目標在使學生藉由社團學習，提昇成就感與自信心，進而增強追求知識的動力，實施方式是提撥部份藝能、自習及選修科目計6節，作為

表4.2 柑園國中《海闊天空課程實驗方案》整合的教學學科與節數

	音樂	美術	童軍	家政工藝	聯課	選修	自習	體育	總計
一年級	1	1	1	1	1	0	0	1	6
二年級	0	0	1	1	1	1	1	1	6
三年級	0	0	1	1	1	2	0	1	6

開設社團：

劇場社	國畫社	職籃社	園藝社	鄉土文化社	合唱團
採訪社	西畫社	職桌社	陶藝社	生活美學社	口琴社
資訊社	日文社	射箭社	童軍社	英語研究社	吉他社
書法社	演辯社	詩樂飄香社		青春少年社	打擊樂團
				應用美術社	薩克斯重奏團

社團活動時間（詳見表4.2）。時間安排在每週一、三、五下午第二、三節，由全校學生依志願選填社團，進行跨年級、跨班的社團活動。

《都會原住民生活輔導計畫——多元文化共榮方案》

　　83學年度學校增加了一個自由學區。由於此學區屬於原住民聚集地，學校的原住民學生與族群有增多的趨勢。這群原住民孩子的在校行為表現雖稱良好，只是缺乏自信的臉龐、人際的族群區隔現象以及低於全校平均的學習成就，還是道盡了都會原住民學生的生活適應與教育問題。

　　為肯定學校的多元文化現象，使原住民的孩子能重新認識自己文化的價值，激發學生的潛能與自信，86學年度起，學校

以原住民學生為對象，成立「青春少年社」，推動《都會原住民生活輔導計畫——多元文化共榮方案》。該方案在提供母語教學、歷史文化探索等課程，希望學生經由認識，重新定位自己的文化。在母語教學部份，由學校外聘阿美族語、布農族語、排灣族語的教師，進行分組教學；文化探索部份則合班上課，結合參觀、實作等方式進行童玩、手工藝等多項原住民藝術文化的教學。

《可以真實感受的愛——兩性教育方案》

82年學校開辦自立午餐，學生用餐秩序井然，但部份三年級教室內總會看見一群女生畏縮地排在盛飯隊伍最後，等她們取菜時，前面的大男生幾乎已拿光飯菜，隱約中透露著一種傳統父權宰制的社會微型。83學年度學校增添一個自由學區，這些自由學區的孩子多來自下港北上謀生的外來人口，原住民以及印尼新娘為女主人的家庭。由於這些家庭無法提供孩子所需的關愛，孩子往往向外尋求人際的發展，也在兩性的交往上頻頻出現問題。

期間學校雖曾舉辦過幾場零星的講演，也對有兩性交往問題的學生進行短期的團體輔導，但因學校始終沒能針對性別議題提供學生更深入的思考；加以媒體氾濫、雜音充斥，更先入為主地扭曲學生的視聽。86學年度，學校決定以較全面周延的方式，對全校師生與家長實施兩性教育。

整個方案分三個階段進行。第一為「組織團隊期」，旨在結合輔導老師、導師與健教老師，進行具體方案的規畫。第二為「親師教育訓練期」，在家長方面，先辦理親師懇談，提出計畫構想，建立親師共識，然後邀請校內外專家講演，探討家庭溝通、青少年性心理、性觀念的認識…等問題。在教師方

面，則利用早自習時間，每週聚會2-3次，就性騷擾法律知識、看A片A書的輔導、兩性交往的態度與準則…等議題進行討論。待親師教育訓練完成，活動進入「學生教育期」，利用朝會、導師時間、自習課時間，結合輔導活動、健康教育等課程，透過專書研讀、錄影帶欣賞與專題演講等方式進行，為期一個月。

《親近柑園——鄉土教育計畫》

在「社區學校」的自我定位後，學校實施幾次零星的鄉土教育活動，希望藉此引領學生親近家鄉的土地，尋找家鄉的光華。84年11月一個週三上午，學校舉辦《柑園地標發現之旅》，師生走遍整個社區，途中並邀請耆老講解社區的歷史。85年，學校暑假作業以「親近柑園」為題，希望讓孩子透過舊照片與族譜的蒐集，更親近自己的家族與家鄉歷史。等學生繳回暑假作業後，學校意外發現許多珍貴的照片、地圖與族譜，於是決定由學校協助社區歷史記錄的保存。經由學校「鄉土文化社」社員的走訪以及學校老師、社區義工的支援，柑園第一本自編的鄉土教材《柑園遊賞》，付梓問世。

到了86年年底，劃入台北大學城預定地的南園里部份土地到了斷水斷電的最後拆遷時刻，部份學生不但面臨家園拆除的命運，還得遷徙轉學。為能和孩子見證社區的變遷與歷史，學校推出《南園再見！南園！》活動，希望再帶領孩子用腳踏遍家鄉。整個方案的實施主要歷經四個階段。首先是辦理教師研習，讓學校老師先瞭解活動的背景，並於課堂上俟機告知學生。其次是影片的觀賞，由各班觀賞題材相符的紀錄片「穿過婆家村3」，讓學生對南園的拆遷有較具體的認識。然後由校長帶領「鄉土文化社」社員搶救南園的古物。經過勸說，居民概

允捐出家中的古農具例如，風鼓、豬公架、蒸籠、扁擔、…等，移至學校保存。到了最後階段，也是整個方案的重頭戲——南園踏查。全校師生走出校園，尋訪南園，訪談當地居民的感受。整個活動以當地三間古厝的參訪為主，由學校邀請屋主向師生介紹百年古厝的歷史、建材以及農家的生活風貌。

《新食器時代》

　　82年春學校開辦自立午餐以來，老師與孩子們滿足地以最耐用的不鏽鋼碗盤吃著午餐，是誰的辛勞才有這餐飯都不察，更遑論「食的文化」。民國86年，台灣省手工業研究所陪同日本一位博士生至學校進行「地方資源與學校午餐調查」，不經意地提出幾個問題，觸動了學校的思考：第一、學校所在的三鶯區為著名的陶瓷、染布區，但學校的食具是以這些地方產業製成的嗎？第二、柑園素有「台北米倉」之稱，至今仍是農業保留地，可是學校的飯菜材料是從社區來的嗎？第三、學校學生由閩南、客家、原住民等族群組成，但為何在這多族群的學校社群中，學校的午餐只見閩南菜色？第四、當師生吃著豐盛午餐時，可知道午餐是誰負責的？對他們可曾表達謝意？

　　問題意識的產生，很快成為行動的切入點。86學年度，學校推出《新食器時代》，希望透過陶碗的製作與使用，一方面讓學生思生活與地方產業結合的可能性；再方面透過實際的參與及體驗，保存地方的文化，珍惜資源；同時能在多元的文化中成長，以社區文化自豪。整個活動的進行，從分析學校資源與人力、實施問卷調查、帶動學生思考、動員全校師生進行磁碗彩繪上釉燒製，到與自治市學生討論啟用陶碗儀式，不但集合了學生與社區人士的參與，也成為了社區營造的一部份。

《打造孩子的夢想王國——校園新景點創發行動》

北二高開通後，校前的交通繁忙起來，每逢上下學更是人車爭道、險象環生。學校屢次於里民大會中建議拓寬校前路面，規劃老人、孩子的腳踏車道與行人步道，卻因社區的參與能力不足一再跳票，這除了使學校限於長期的交通危機外，也暴露出公民參與的問題。於是，學校嘗試作逆向思考，如果學校不消極等待，而能主動籌謀對策；如果學校能在學校行政上釋放決策空間，提供學生參與學習的機制，或許在解決學校交通安全問題之餘，也能強化學生參與公共事務的能力。況且學校在推動《班級總體營造計畫》時，也曾激盪出一些點子。

86學年度以校園空間為主軸的《校園新景點創發行動》正式展開。整個方案由總務處向師生拋出的三個問題開始，發展成一個校園空間整體改善的計畫。學校所提出的幾個問題是：第一、如何利用校園畸零地、營造一個人性的空間；第二、校園空間如何反映學校歷史、社區歷史；第三、校園空間如何結合班級、學校識別系統，發展班級與學校的特色。很快地，這樣一個方案獲得了教師的回響。美術老師於該學期的教學進度中規劃「藝術鑑賞」的主題，教導學生欣賞建築之美，學習繪製校園空間的立體透視圖；自然科教師則提出搭建螢火蟲之屋，復育螢火蟲的構想。

歷經半年的師生創意發想與社區公聽會討論後，有了初步的輪廓，最後加入建築師等專業人士的諮詢，所形成的決議是打掉學校水泥圍牆，改以具視線穿透性的綠籬，以符合社區與學校結合的意義；學校內增設花樹大道，兼具美觀與上學步道的休閒功能；將創校紀念碑附近開闢成為一個設歷史牆的校園民主廣場，提供學校與社區另一個活動地點。

《火金姑來喫茶──螢火蟲復育計畫》

螢火蟲是生態環境的指標生物，而柑園更曾是火金姑的故鄉，因此校園空間計畫，催生了自然科老師營造校園生態教學區的構想，希望藉由螢火蟲的培育，使全校師生瞭解生態保育、水質維護等環境課題，遂成為方案的目標。

首先，自然科教師和生物學家、建築師討論，瞭解螢火蟲的生活史，評估搭建螢火蟲造型的螢火蟲之屋的可能性，具體化計畫的構想。其次是利用晨間朝會等時間向全校師生宣導，進行問卷調查讓學生選擇螢火蟲的養殖地點；再次，由學生建立學校與社區的植物圖鑑，進行校園環境的改造，包括：水溝回春、動手整地、放養大肚魚等。然後，開辦「生態教室講座」，舉辦「螢火蟲歌謠大家唱」、「夜訪螢火蟲」等活動。

《尪公文化祭》

唐朝年間，張巡與許遠兩位死守睢陽城，為悼念其節風義行而追封為保儀大夫與保儀尊王，並成為民間的信仰，稱為「尪公」。由於「迎尪公」是社區的重大節慶，蘊含著社區歷史與文化記憶，以社區學校自期的柑園國中當然不能自外；加以社區慶典活動常流於俗麗，忽略實質意涵的反映，因此希望帶領學生從實際的參與中反省社區文化祭典的意義，找回社區文化慶典的本質。

整個活動分四個階段進行。首先是教育準備階段，利用朝週會及相關科目教學時間，邀請地方耆老與資深教師講述於祭祀的緣起。其次是創意提案階段，由學生發想各項創意的祭典活動；然後由全班提出各班的慶祝活動。這些活動有靜態展覽、有動態演出，前者例如，照片、史料、祭典器物、神轎創作展等；後者有歷史劇、遶境模擬、講古比賽、趣味問答、家

表4.3 柑園國中學校課程發展方案紀要

學年	方案名稱	方案目標	統籌單位
81	優質校園	文化整治訓導工作與硬體環境，營建優美環境，提昇境教功能孕育優質校園文化。	校長、訓導處暨總務處
83	社區總體營造*	培育社區人才，傳揚社區文化，建立學習型學校與學習型社區。	校長暨訓導處
85	班級總體營造*	培養學生參與公共事務的能力，營造有魅力的個人、有魅力的班級與最有魅力的學校。	訓導處
	海闊天空課程實驗方案*	提昇學生的成就感與自信心，增強追求知識的動力。	教務處
86	都會原住民學生輔導計畫	激發原住民學生的潛能與自信，認識、傳承原住民文化、語言。	輔導室
	兩性教育方案	加強學生正確的兩性觀念。	輔導室
	親近柑園	引領學生認識家鄉歷史，親近家鄉土地，尋找家鄉的光芒。	社會科教師
	新食器時代*	讓學生於豐富的多元文化環境中成長，以社區文化自豪，深化人、物與土地的情感。	總務處
	校園新景點創發*	提出學校交通安全的因應對策，有效使校園空間發揮班級、學校與社區的特色。	總務處
	尪公文化祭I	實際參與社區文化活動，瞭解、反省社區文化的意涵。	訓導處
	螢火蟲復育計畫*	營造生態教學區，使師生瞭解生態保育等各種環境課題。	自然科教師
87	尪公文化祭II	實際參與社區文化活動，瞭解、反省社區文化的意涵。	訓導處

說明：「*」表示該方案至今仍持續實施中。

鄉祭典演講比賽等。第四則是體驗階段，實際參與社區祭典，隨著遶境隊伍，引導學生思考社區的祭典文化。

除以上方案，學校的國文科教學研究會於每週二早自習推動全校「每日一字」活動，辦理語文週活動，希望培養學生的國文基本能力；英語科教學研究會則利用週四早自習進行「每日一句」，從基本的英語會話著手，希望引導學生成為國際人；而輔導室的國三技藝班也頗能結合在地資源，發揮社區特色，這些均是學校的課程發展行動。

學校課程發展的程序

基本上，學校各項課程方案的發展，主要是循著情境分析、訂立目標、建構方案、交付實施，最後經評鑑與修正等程序進行最早的《優質校園文化方案》如此，到《海闊天空課程實驗方案》以及最近推行的《螢火蟲復育計畫》也是如此。茲以《海闊天空課程實驗方案》為例，說明如下。

分析情境

84學年度，學校推動「教師小型企畫案發表」做為教師專業自主的第一步。希望每位教師能就學校教育相關議題發表企畫。一學期乏人問津，行政人員只好身先士卒，依職務發表相關企畫構想。84年12月縣府「縣內國中辦理高關懷學生彈性分組教學方案」的來文，觸動了教學組組長林老師的構想。

有鑑於先前教育主管當局所交辦的方案如「璞玉專案」、「春暉專案」、「朝陽專案」等早已超過學校負荷；況且縣府此次推動的方案僅以部份學生為對象，未能兼顧全校學生的個別差異。因此，如何整合這些大大小小的專案，同時讓低成就的

孩子可以重拾信心，使每一名學生都能找到自己的舞臺，全校每一名學生都成爲高關懷的對象，遂成爲林老師企畫案的出發點。

85年6月段考午后，林老師向全校教師發表《藝能科實施彈性分組教學——社團活動深化學習企畫》。擬將全校18班混齡編爲18-20個社團，整合部份藝能科，由音樂、美術、童軍、聯課、週會、班會與輔導活動課各抽出1節，體育、家工、電腦各抽出2節、自習2或4，或選修3節。於每週一至周五下午三節課實施社團課程。社團的師資以學校藝能科老師爲主，另邀請有特殊才能的老師與社區人士支援，經費則取自縣府的專案補助款、社團活動經費、家長委員會補助，或以教學實驗名義，向縣府申請補助。

企畫案提出後，在許多老師不可行的呼聲中獲得了校長等行政人員的支持，認爲方案具有遠見，但執行的難度也頗高。經初步的實施環境評估後，基於當時學校在多年的校園文化耕耘後，學生違規事件已在「健康比例」基線下，親職教育、師資素質與社區資源整合等條件大抵完備，而此一變革構想是從正式課程出發，迥異於過去的著力點，或許值得一試！於是學校再進一步從學生、教師以及學校發展等方面，思考此課程實驗方案的需要性。基於此方案的社團深化學習對學生而言，能提昇生的自信心與成就感，舒解身心壓力，有助於其他學科的學習，同時成爲個人休閒生活的一部份；對教師而言，則可擴展教師的第二專長，擴散教師的影響力；對學校而言，能積極孕育校園文化，預防校園問題，同時經由適當超越學校行政、師資、經費承載力的實驗，強化學校解決問題的能力，凝聚團體的向心力。

訂定目標、建構方案

　　方案的需要性確立後，學校開始研議具體的方案藍圖。暑假中每週二、五的輔導課一結束，各處室主任與組長便在校長室集合，一面吃著便當，一面研商細節與困境解決對策。到了8月，具體方案逐漸明確，於是修正原先企畫，定名為《龍騰虎躍課程實驗方案（草案）》，載明方案的目標、實施方式、實施時間以及可能遭遇的困難。

　　具體而言，本方案旨在：鼓勵社團的多元蓬勃發展；指導學生學習人際關係與特殊才能；打破現有課程結構，落實藝能科教學目標；統整現有教師專長與社區人力資源，貫徹多元化、實用性與地方特性的學習；打破班級、年級界線，統整規畫學生的學習，達到群性陶冶效果，塑造優質校園文化。

　　預定實施的節數調整為10節（提撥的各科教學時數詳見表4.4）。開設的社團分任務性與一般性兩類，任務性社團在配合社區總體營造，培育社區種籽團隊；一般性社團則依教師專長與學生興趣調查結果，衡酌師資、設備條件後開設。實施方式是以每週一至週五的第六、七節共10節為實施時間；而為兼顧藝能科成績評量每位學生需選一個主修社團和四個配套的副修

表4.4　《龍騰虎躍課程實驗方案》整合的教學科目與節數

	音樂	美術	童軍	家政工藝	聯課	選修	自習	總計
一年級	1	1	1	2	1	0	4	10
二年級	1	1	1	2	1	2	2	10
三年級	1	1	1	2	1	3	1	10

社團。同時將縣府所要求的高關懷學生融入社團，並配合技藝教育班，使其提早分化學習。有關課程的評鑑則有學生個人的學習評鑑與社團評鑑兩者，前者依藝能科成績考查辦法施行，後者則分期中與期末舉行動靜態的社團成果展。

此外，草案中亦列舉方案可能遭遇的問題，例如學生轉社的處理，學生藝能科成績的評列，教師於社團時間請假的補課，影響三年級A組學生的升學，教師超鐘點可能得義務吸納，教師任課時數與教師登記科目的衝突，活動中教室遭竊、學生問題的處理以及實施成效若不彰，如何因應的機制等。

方案的解釋與實施

待具體草案出爐，學校開始向師生與家長展開解釋與各項前置準備的作業。

1.召開教師說明會，調查教師第二專長與開課意願，進行師資的準備

八月初新進教師完成報到手續，學校即召集全校教師，辦理兩天一夜的說明討論。會中除了讓新夥伴彼此認識外，也在說明此方案，增進老師對方案的認同。會中並調查教師第二以上專長與開課意願，同時由老師針對可能遭遇的問題進行分組研討，研提對策，作為學校社團開設與相關配合措施的參考。此外，學校也在新學年度的教師甄選條件中，加入第二專長與社團指導能力，並準備讓該學期未能開設社團的老師進修第二專長。

2.溝通學生與家長

暑假學生返校，學校開始對學生發佈有關訊息，調查學生選社意願。同時也透過家長委員、家長座談會、里民大會等管道，向家長、社區展開溝通。溝通的重點在釐清本課程方案與學生課業、未來進路的關連。所採取的說帖是「本方案係採藝能科分組方式進行，原來上課科目、時數均不受影響，而且因課程更具彈性，學生的學習更多元化，不但不影響學生升學與藝能科的學習，更可拓展學生的未來發展」。

3.解決鐘點費問題，擴充學校設備

大量社團的開設，使得每週多出近80節課的教師鐘點費成為一筆龐大的開支。面對這些開支，除了有家長捐款、社區義工的支援外，學校也統籌運用技藝班、高關懷彈性分組教學等專案經費，仍不足的部份，則由學校教育人員義務分攤，尤其行政人員率先以身作則。此外，籌謀社團所需的相關器材與設備，也是課程方案實施的準備重點。許多家長在獲悉學校的實驗課程構想後除了在理念上極力贊同外，也熱心提供社團所需要的設備，例如，古箏、陶窯、美髮、烘焙設備等。

4.進行分工，建立管制流程

兩天的教師研習結束，教師交出「社團開設意願表」。為配合教師專長，同時符合教師授課時數規定，避免實習教師任教科目登記的問題，再加上主、副修的套餐社團方式，以及社團活動地點的安排與學校空間的重組，還有教師開課意願表、學生選社單、轉社單、社團自辦校外參觀活動計畫單、停復學

表4.5 《龍騰虎躍課程實驗方案》業務分工與時程管制

時程	教務處	訓導處	輔導室	總務處
85.08.10	建立共識、工通觀念，辦理全體教師說明研討會			
85.08.11	完成全校教師第二以上專長調查			
85.08.15	彙整主副修社團資料	提供擬開設社團名稱		規畫社團活動地點
85.08.16	完成教師配課	設計各項相關表件		檢修各項設備器材
85.08.25	完成各班課表			
85.08.29	公佈開設社團名稱			
85.08.30	公佈課表			
85.09.01	籌備社團博覽會事宜		提供高關懷、技藝班學生名單	公佈活動地點
85.09.02	舉辦社團博覽會，並進行主修社團的選社工作			
85.09.13	完成副修社團的選社工作			
第三週	受理學生轉社			
第七週	進行第一階段社團評鑑及階段性檢討會			
第十四	週進行第二階段社團評鑑及階段性檢討會			
第二十週	舉辦社團成果展			

資料來源：柑園國中

通知、學習單等多達三十種以上的表件設計，其實是極為複雜的行政工程。

這些課程發展的所有工作，主要由各處室合作分工完成。教務處負責教師專長調查、社團開設（會同訓導處），課表安排與教師進修事宜。訓導處負責學生選社輔導、社團教室安排、活動進行秩序與社團評鑑。輔導室負責低成就及偏差行為的輔導，並進行相關研究，提供參考數據。總務處責負責設備、物料的採購管理，場地的維護與經費的支持。有關各處室的分工與具體的時程管制可參見（表4.5）。

5.加強學生常規管理

　　為避免「龍騰虎躍」最後成了「雞飛狗跳」，訓導處決定加強學生常規的管理。凡社團活動時間隨便破壞教室器物或干擾他人學習的個人或社團，將以停社處分或到訓導處前的真善美廣場靜坐或進行勞動服務。

6.輔導學生選社

　　開學當天，學校發給每位學生社團開設一覽表，安排導師時間，協助學生瞭解各社團的學習目標與活動內容。同時，舉辦全校社團博覽會，提供諮詢服務，輔導學生選社。之後，正式進入第一階段的選社工作。由學生填寫第一階段入社卡，投入志願社團的信箱，經開設教師審核入社條件後，符合者辦理入社登記；條件不合或人數過多未抽中籤者，再進行第二、三階段選社。若經三階段選社仍未能進入理想社團，則統一輔導進入尚有缺額的社團，同時由學校將這批學生列為下學期優先選社的名單。

　　經由一連串的前置作業後，隨著85年9月1日開學的第一天，別出心裁、熱鬧非凡的社團博覽會隆重揭幕，《龍騰虎躍課程實驗方案》也正式宣告實施。

方案的評鑑與修正

　　方案實施兩個月後，也就是11月初，11位新進教師聯名向校長遞上「陳情書」，表示《龍騰虎躍課程實驗方案》提撥相關教學科目時數的結果，降低了導師與學生互動的機會；而學生則因為沒有調解心情的時間，鎮日毛躁；科任教師則無法加課、補課，進度吃力，調課困難；社團老師更因教材準備負擔

過重，學生個別差異太大，學生參與社團的能力不足而飽受壓力。因此建議學校調回原先的課程或縮減社團時間。

為對老師的意見有所回應，學校著手評估實驗方案的問題與成效，先以全校學生為對象，展開「社團實施問卷調查」，然後就學生調查結果，辦理教師「龍騰虎躍課程實驗方案檢討會」。學生問卷調查的結果顯示，社團課程對學生的學習興趣、課業成績、休閒生活的安排、人際的相處等方面均有助益；且學生對主修社團持肯定的態度，但對副修社團有負面觀感。至於檢討會的情形則是，教師們異口同聲指出實驗方案的目標遠大，認同方案的正向意義，但對衍生而來的壓力倍感痛苦。有鑑於此，學校終不得不宣告實驗暫停，從12月1日起恢復原課程。

《龍騰虎躍課程實驗方案》的實施雖有反彈聲浪，但基於社團的深化學習對學生、學校、社區均有積極的效益，沒有理由就此全盤放棄。於是，學校行政人員根據師生的意見，開始修正方案，取消成效不彰的副修社團，降低每週的實施時數（由每週10節改為6節，細節請見前文），減少社團的數量，勸說更多社區義工的加入，將此一修正案稱《海闊天空課程實驗方案》。

86年2月寒假結束，課程修正案確立，學校再召集全校教師辦理課程方案說明會，向教師解釋推動的緣由。其中，為兼顧老師的負擔與補救教學等需要，容許教師以合開方式開課，同時保留段考前的兩次社團時間供教師補救教學之用。86學年度下學期，該方案重新啟動並實施迄今。

方案的參與成員及參與情形

　　學校的課程發展過程中，參與的成員極多，從學校校長、行政人員、教師、學生，到社區人士與校外專業人員，均在不同方案、不同階段有不同程度的參與，成員合作共事頻繁。

　　以學校校長及行政人員的參與而言，由於柑園許多方案的推動，主要皆源自各處室行政人員的構想，所以從方案的提出、具體內容的規劃，到方案的執行與管理，幾乎都有相關行政人員的參與，由相關人員進行決策。

　　在教師的參與方面，由於學校推動的活動屬全校性質，和班級、導師均有密切的關係，因此教師動員的情形相當普遍（受訪人B11）。即使是科任教師，由於學校師生人數不多，若不參與可能和學生、同儕疏離的情況下，也都能盡量投入（受訪人B03）。有些老師在瞭解方案的理念與目的後，有時甚至能化被動為主動，提出更好的修正構想，而不是從頭到尾都是被動的消極參與（受訪人B06）。只是，相對於學校高層行政人員的角色，一般教師的參與角色與參與情形顯得較為被動消極（雖然某些老師在部份方案的參與極深，甚至身肩統籌規畫之責，如《新食器時代》的美術老師）。

　　就學生的參與而言。學校各項方案的推動，不僅以學生為考量，也提供學生各種參與的機會。例如，在《新食器時代》、《海闊天空課程實驗方案》、《螢火蟲復育計畫》中學生，不僅提供意見諮詢、參與討論，甚至在《校園新景點創發行動》更參與決策。此外，學校於輔導室外設置「心情信箱」，希望能瞭解學生的想法，而「學生自治市」更是身兼蒐集、反映學生意見以及溝通學生與學校的主要重任。

　　就家長、社區人士與專業人士的參與而言，學校各項方案

多與社區有關，同時在過程中也能爭取社區與家長的支持、諮詢，社區與家長也會積極回應學校的各種方案與活動。例如，《海闊天空課程實驗方案》的師資與設備就獲得家長、社區資源人士的許多協助；而《新食器時代》中，家長在獲知學校的構想後，更主動提供窯等素材。至於專業人士的加入與否，雖視方案性質有異，但專業人士扮演的角色多屬諮詢性質，例如，《螢火蟲復育計畫》與《校園新景點創發計畫》等。

此外，學校課程發展的過程中，校長或高層行政人員所扮演的角色相當突顯。她（他）們不但展開各種勸說，爭取更多教師與家長的認同和參與，同時以身示範，投入相當多的時間與心力去規劃方案、協商問題，所扮演的角色不但僅是行政支持者、意見協調者，也是方案的主要推動者（受訪人B02；受訪人B06）。這種積極推動、強勢領導的角色，在學校經營初期，因試圖解決學校問題，帶動學校成員的成長，表現得最為明顯。

86學年度起，隨著學校氣氛與教師文化的逐漸成熟，學校課程均等的形態有了些許的轉變。校長與高層行政人員一方面在行政人員、導師與專任老師與研究會中安排種子教師，去帶動老師的反省與成長（受訪人B01；受訪人B02；受訪人B06）；另方面則將課程的主導權釋放給各科教學研究會，希望各教學研究會能增加教育的主動性，承擔方案推動的角色（《南園再見！南園》及《螢火蟲復育計畫》就是此一領導轉型的成果）（受訪人B05；受訪人B07）。

成效分析與問題檢討

雖然學校各方案所持續的時間不盡相等，但歷經近七年課

程發展與革新，學校不但獲致了許多的成效，也營造了獨特的辦學特色。

實施成效

1.對學生而言

學校的老師表示：

孩子的氣質變好了，眼界也比較開闊，很會表達意見，進行討論、辦理活動的能力都比較強（受訪人B03）。

有個孩子甚至在週記中寫道：「我長大後要賺大錢。」當你忍不住要嘲弄他的俗氣時，他的下一句話卻是「這樣我就可以為社區出錢出力，建設柑園。」這樣的孩子，不會跟我們這一代一樣，因為對社區的記憶空白，而流連外地；相反的，他們會願意回到社區貢獻自己的力量（受訪人B05）。

除了老師眼中的柑園學生有了改變外，家長與校外人士對柑園的學生也語多肯定。有的稱許孩子在學校的教導下，不但沒有都市孩子的早熟世故，反而有種可貴的活潑與天真（受訪人B13）；有的則欣喜於孩子在溝通表達、思考等生活能力的增進（受訪人B10）。一位教育行政機關主管也表示：柑園的孩子相當喜歡學校，也有比較多元的興趣與能力（受訪人B12）。至於學生自己，則以學校為榮，感謝學校提供他們多方成長的機會，對學校處處流露出一種特殊的情感（受訪人B14-B22）。

2.對教師而言

不論是整體的師資素質，還是教師個別的成長，都逐漸產生許多正向的結果。老師與校長表示：

> 學校的老師有了很大的轉變。這幾年下來，比較不習慣、不認同的老師幾乎都已經離開，現在留下來的大體上不但有相當的熱忱，也較任勞任怨（受訪人B03）。

> 這些年，教師也開始會有一些創思出現，現在反而是他們在帶著我跑，甚至成為了一個相當具有創意的團隊（受訪人B01）。

至於在教師方面。多位老師對學校的課程發展極表認同，同時也指出，在整個參與、學習的過程，他們增長了教育的實踐行動能力，擴充教育的知能與視野，找到個人的價值與意義，也從其中獲得家長與學生的回饋與肯定。老師們如是說：

> 現在我比較知道如何將一份教育理念轉化為具體的實踐，而且在實踐的過程中，也比較會去反省自己的思慮是否周延，思考如何凝聚更多家長與教師的討論與參與（受訪人B04）。

> 以前有好演講、好書要自己去聽，自己去找，現在在學校就可以聽到，學校提供了我許多知能與視野的成長。我喜歡留在柑園，在這裡可以看到自己個人的價值與意義（受訪人B03）。

如果要說對我個人有什麼正面影響，大概是提供了個人
發揮教育理想、實踐理想的機會，許多教育觀，都可以
在柑園看到實踐的可能（受訪人B02）。

我曾經對教育感到失望，一度以為等我實習期滿就會成
為教育的逃兵。等我來到「柑園」，看到了一群以教育為
志業的教師、關心教育的家長，也從學生身上獲得許多
的回饋與成長，這重新點燃了我對教育的希望（受訪人
B05）。

參與學校的活動，固然開拓了個人的第二專長，增長了
對鄉土的認識；但這些收穫僅是認知、技能的。最主要
的受益，還是我們的付出得到了家長、學生的肯定與回
饋，這些是更無價的收穫（受訪人B07）。

3. 對學校而言

學校的課程方案不但提供了學校發揮教育理想的舞臺，經
營出獨特的辦學特色，也深深地連結起學校與社區的關係。

這些方案增加師生的互動，成為全校參與的活動，將活
動帶入學生的家庭、本地的社區，帶動了社區的關心與
參與。有的方案後來還成為學校正式課程得一部份（例
如《新食器時代》的陶碗製作已是一年級美術課程的一
部份）（受訪人B07）。

如果再就個別方案的成效來看。則81學年度推動《優質校

園文化》後，學校的景象是：：

> 每節下課只見同學比著腕力、下著象棋，課間抽煙的人
> 減少了。而象棋決賽的人棋大賽，在紀念館劃大棋盤，
> 以人當棋子，決賽者當場廝殺，全校一起觀戰，更成為
> 全校師生難忘的一份記憶（校刊《柑園新綠》，83，
> 20）。

　　83年1月間，學校進行「校園文化滿意度」意見普查。結
果顯示：70%以上的學生對訓導處推出的各種校園活動、生活
教育、提供的硬體設備等，其滿意值均達4分以上（滿分為5分）
（校刊《柑園新綠》，83, 34-9）。

　　再以《海闊天空課程實驗方案》為例。下午兩點，人聲鼎
沸，學生有的提著樂器，有的揹著畫架，奔向社團教室，追求
自己的夢想，也活化了學校的課程與校園氛圍。根據學校所做
的社團調查結果顯示：70%以上的學生認為，社團活動的實施
對其學習興趣的增進有助益；30%的學生認為對其課業成績的
提昇有幫助大多數的學生認為社團課程有助於個人的人際互
動，同學的社會技巧與人際關係均較以往有所改善，社團課程
有助於個人休閒生活的知能，讓學生發現打電動、撞球之外，
世界是如此的寬廣。對教師而言，此外，該方案也激發教師的
自我成長，使教師不斷進修第二以上專長，同時有助於校園文
化的安定，發揮學校辦學的特色。

> 由於學生的學習活動較為多元、活潑，每天的社團活動
> 成了學生的期待，傳統課程中被忽視學生如今更是「上
> 午一條蟲，下午一條龍」。訓導處的學生缺席遲到、記錄
> 減少，中輟生也開始回流，學生常規也有大幅進步，偶

發事件也大量減少（受訪人B02）。

對於縣府的「高關懷彈性分組教學專案」，每所學校掌握的精神並不相同。……柑園最值得肯定的，是在不違背教育原則與縣府的措施下，能在深度與廣度上擴充，走出狹隘的辦學目標，善用運用資源，發揮更大的效益（受訪人B12）。

從今日多元入學管道的高中升學政策來看，柑園當時的作法不僅是正確、有遠見的，也是今日「柑園」能在升學競爭之外，打造出自己一片天空，成為有特色學府的主要關鍵（受訪人B11）。

面臨問題

雖然許多教育理想得以成真，但分享甜美成果之際，分析學校的課程發展，還是遭遇若干的挫折，存在部份的問題。

1.教師時間與知能不足

在整個學校課程發展過程中，不論是否有無家累，不管是新進教師還是資深教師，其所感受的時間壓力來源雖不同，但同樣都有時間不足之苦。每天沈重的工作負擔不但造成個人目標與團體目標的衝突，也形成生活與工作的壓力。多位老師就表示：

每天留校十多小時，每天都有忙不玩的事，回家倒頭便睡，生活只有學校與家一條直線（受訪人B05）。

教育的問題處理到一定程度，其實需要更多的學理、更多的知能來支撐，來做得更好。可是，萌生很久的進修計畫卻一直無法在學校的工作中調配得當，計畫一再延宕（受訪人B04）。

活動就是得在某個時間點要出來，偏偏教學的時間又是固定的，而活動資料的彙整、獎勵辦法的訂定、事前的規畫等等事情一大堆，時間真是一個很大的壓力。加上我的興趣很廣，常利用放學後的時間學習許多新的事物，因此個人時間跟學校工作會有衝突，如果兩者都要兼顧，其實是很累的（受訪人B03）。

在沒有家庭負擔之前，我可以無限制的留在學校；可是有了家庭，我真的有時間的壓力，每天下午五點一到，就是得趕去接回孩子，然後跑回家準備晚飯（受訪人B07）。

作為學校的資深教師，除了兼任行政工作，還得帶新人。由於學校的教師流動很頻繁...，每年都得從頭教起，那壓力是蠻大的（受訪人B04）。

新進教師會比較辛苦。除了有備課的壓力，又得協助其他活動的推展，也因此常常要比其他學校或學校內其他教師更努力。以我來說，雖然我在離開學校〔師範院校〕前就先作好準備、熟悉教材，但到底是初次任教，加上學校許多的活動，常常沒有充分的時間備課，有時也會覺得對不起自己、對不起學生（受訪人B06）。

至於教師知能不足方面。雖然學校努力加強學校教師的相關知能，開辦了許多主題工作坊，也在各方案推動前先召集教師進行教育訓練，甚至透過每週五早自習的「導師高峰會議」辦理讀書會。但主題工作坊也好，教育訓練、讀書會也罷，這些在職進修主要採集體方式進行，進修重點主要以該年度學校欲推行的方案為焦點，學和用之間的時間極短，免不了有「現學現賣」、消化不良的情形。

此外，對於學校教師的專門科目進修，學校主要是授權給各科教學研究會去辦理，但由於教學研究會的會期有限，會中所要討論事項很多，老師所能獲得的進修也就較為不足，這進而影響學校方案的推動與落實。

2.參與成員的認知與行動落差與衝突

雖然經歷長期的經營與勸說，許多不認同的老師多半已選擇離開，而留下來的老師或因教育理念契合，或因其他教師的擴散效應，或因學生、同儕比較壓力，大多能認同學校的理念，學校公開衝突的情形很少（受訪人B06）。但即使如此，學校仍有不認同的成員。這些成員雖不在正式場合發表批評的言論，卻會在私下抱怨，對方案澆冷水。而且，即便是認同的老師，到了付諸行動之際也仍然有認知與實際行動的差距。學校的老師表示：

雖然學校辦很多的進修與活動，對老師也有幫助，可是有些老師卻不這麼想，他們會認為學校在剝奪個人的時間。當然，這在公開場合像開會，他們不會當面提出這些抱怨，可是到了做的時候，他們的確會有這樣的衝突跟怨言（受訪人B03）。

雖然有些老師在理念上相當支持，可是到了做事時，他們會批評執行的過程太複雜，建議採比較簡單省事的方式，或者乾脆在工作分配時找理由推託（受訪人B03）。

除了教師本身的理念認同與實際行動的落差外，學校的課程發展過程中也常因為參與成員的角色不同、行事風格、步調不一，衍生成員間的認知差距與衝突。

不同角色看事情，觀點真的很不一樣。以前兼行政時，擔任的是活動主導者的角色...主導者的工作其實蠻煩重的，但可能是自己有投入吧，反而比較不會有抱怨。到了擔任導師的時候，規畫的事別人已經做好，只要去配合就可以了，那個工作比較輕鬆，但是沒有參與規畫和決策的過程就是會有一些抱怨（受訪人B03）。

雖然大家都有心把事做好，可是方案的規畫與實施往往牽涉到處室間的合作、溝通與協商。互動機會多了，而彼此的溝通方式、行事風格又不同，誤會的機會也就增多。雖然這不會影響活動的完成，但久了也會形成心中的不愉快（受訪人B03；受訪人B11）。

3.成員的參與層次、參與面向不足

學校許多方案的推動，主要是由學校的行政人員或少數幾位帶頭的教師形成核心規畫團隊，擬定方案，然後再告知全校教師，進行教育訓練，最後動員家長學生，形成全校的活動。雖然各方案中學校成員都有參與，但對大多數的教師與家長而

言，其參與層次還是集中於下游的執行階段，參與的面向與深度不但不足，也間接影響執行及參與的意願。

> 很多活動的醞釀不是所有老師都有參與，可能只有某些人比較瞭解過程，多數的人都是在方案決定後才被事後知會。少了前面的過程，只覺得又要做這個又要做那個，很難主動去投入，也比較不是發自內心真正地想去作（受訪人B08）。

至於家長的參與。雖然學校老師與家長均表示家長的參與尺度拿捏得很好，不像有些學校出現家長過度干預的問題。然而，家長參與的問題也正和教師的參與一樣一樣，都存在著集中參與的現象（受訪人B11）。

4.行政負擔過重、溝通不足，過於任務導向

不論是先前的準備作業，還是過程中的實施管理與相關配合措施，都讓學校原本就已經業務繁忙的各處室更是焦頭爛耳。以《海闊天空課程實驗方案》來說：

> 該方案的實施需要甚多行政的配合措施，包括常規、停社、調代課、學生出缺席考勤等事務，而行政人員率先義務吸納鐘點，上課時數過多，人力發揮到極限之際，行政壓力過重，不免影響行政的品質（受訪人B02）。

再者，隨著學校行政負擔加重，每個方案都有時程壓力的同時，人際的溝通互動也就受到排擠，工作導向的領導型態相當明顯。

我個人兼行政，比較明瞭學校某些作法的立意；可是一般的老師比較不清楚學校為何要如此作，收到的訊息往往是學校要他們作什麼！儘管學校試著去溝通，但現在的最大困難是沒有充分溝通的時間，僅能利用每週五早自習的「導師高峰會議」，請老師提問、修正（受訪人B06）。

我剛來「柑園」時，這些理念也都在，但活動沒這麼多，班級數也比較少，大家會聚聚餐，校長也會來辦公室聊聊天，開開玩笑。現在學校要做的事越來越多，校長常匆匆來交代一些話後又匆匆離去，比較沒有空去關心每一位老師，比較任務導向（當然現在學校的老師也越來越多），而行政人員在推動方案的過程，對老師、對新進人員的溝通也都不足。有些老師甚至覺得學校太工作取向了（受訪人B03）。

5.學校層級課程發展方案過多，干擾教師層級的課程發展

學校層級的課程發展一旦太多，可能排擠教師層級的課程發展時間，甚至對教師層級的課程方案形成干擾。此一情形在《海闊天空課程實驗》方案中就曾出現。老師們表示，由於自習課等空白時間被提作社團課程，原先可運用的班級經營、個別談話的時間減少，科任教師的補課、調課，甚至加課等彈性運用的時間明顯不足。而學生由社團所帶回的更多元價值觀與異質的文化，更衝擊著原班，造成導師營班級經營的困難。

對導師來說，最重要的其實是班級經營，學校的活動對

他們來說都是蠻額外的事。雖然這些活動也有助於班級經營，可是必須導師有辦法扣得很好，否則如果導師本來就有自己的班級經營，...這時候學校過多的方案反而是一種干擾，時間真的都沒有了…（受訪人B03）。

6.教師異動頻繁

學校教師的流動頻繁，是學校既有的事實。只是造成教師流動率居高不下的原因卻有改變。以前老師留不住，是因為交通不便、學校沒有遠景；如今老師留不住，除了有原有的交通因素，最主要的卻是教師負擔太重或理念不同。這樣的流動率，從好的一面來看，固然是提供了學校課程發展一個活化人才系統的機制，但同時卻也隱藏著其他的危機。學生常換老師，有的班級三個年級換三個導師不說，面對教師人事的頻繁異動，學校的課程發展還是需要付出許多時間的成本，甚至衍生學校認同與傳承的危機。例如，《海闊天空課程實驗方案》的新進教師萬言書，即在於教師欠缺參與與瞭解的過程，對學校的傳統或精神並不清楚、甚至不認同所致。

7.外在環境與法規的限制

學校雖能有效結合資源，在相關政策中找到彈性，推動各種課程方案。但這些方案的設計與推動的過程卻仍屢屢遭遇各種制度法規的掣肘。例如《海闊天空課程實驗方案》的許多設計就必須遷就現行課程規定、成績考查辦法、教師人事制度、經費執行辦法，乃至於升學制度等（受訪人B02）。

而《校園新景點空間創發》與《螢火蟲復育計劃》更一再

遭遇經費執行的問題。由於經費申請、核可的不確定因素，使得學校在提出申請案無法作任何詳細的規畫與進一步的討論，除了等待還是只有等待。等到經費通過後，又已逼近經費核銷的時間；再加上學校爲了擴大成員的參與，凝聚共識，追求方案的品質，這往往導致進度的落後，最後成爲經費執行黑名單的列管對象，甚至遭經費收回的命運。

8.欠缺課程品管機制

學校所推動的方案相當多，從方案計劃到實施，學校也都作精心的設計與規畫，但由於方案的缺失在所難免，且方案的實施常受到許多變數影響，因此建立定期的學校課程評鑑機制，便成爲相當重要的課程發展程序之一。

可是，檢視學校的方案計畫內容，相對於周詳的實施計畫，評鑑的程序卻反而成了被忽略的一環。由於方案的規畫沒能將評鑑流程納成方案的一部份，甚至是學校的定期業務，同時也欠缺客觀周延的評鑑指標與評鑑的人員，因此，佔學校教學節數比重不輕的社團課程，其學生的學習成效如何？教師設計出的課程其品質好不好？又各方案有無可改進之處，方案間的課程發展整體性如何，有無相互抵銷之處？教師的負擔是否過重？有無遭遇困難？這些問題，不但亟待學校進一步的追蹤瞭解，也需要有健全的學校課程評鑑機制，才能獲得客觀而有系統的訊息。

9.學校課程發展欠缺制度化與組織化

學校的教育方案相當多，每年也都有發展重點，但學校活動不斷推陳出新，卻讓師生應接不暇。加上後來學校將課程發

展的主導權釋放給各科教學研究會，在教學研究會之上又沒有一個學校課程發展的統籌單位，承擔學校課程的整體規畫、協調工作，這使得學校課程發展的整體性、持續性略顯不足，連帶地也影響了一般教師與家長的參與管道與參與機會。有學生及老師就表示：

> 學校的活動讓我們［學生］的國中生活變得多彩多姿；可是活動太多了，日子變得很忙、很累，常睡眠不足（受訪人B15、B18、B19、B21、B22）。

> 學校一直在出新活動，老師與學生永遠不知道這三年會有什麼。如何讓學校的方案去蕪存菁，將某些好的方案制度化為「柑園」三年學校課程的一部份，同時每年又有其重點，應該是學校接下來的重點（受訪人B03；受訪人B05）。

因此，學校在不斷革新課程之餘，如何將現有學校本位課程發展的成果加以整合，制度化成正式課程的一部份，發展成學校獨特的課程內涵，應是未來可以探索的方向。此外，儘速成立學校層級的課程發展單位（例如，「學校課程發展委員會」，下設各科教學研究會），擴大參與的成員，訂定課程發展的程序原則，統籌規劃學校課程，也當是提昇課程銜接性與統整性，化解學校人事異動，奠定學校永續課程發展機制的一個可行作法。

九年一貫課程中學校課程自主的展望

　　長久以來中央主導了過多的課程發展角色，不但架空教師、學校的課程參與權責，也衍生許多教育的問題。此次九年一貫課程修訂能將課程發展的部份權責回歸學校及教師本身突顯學校的課程發展權責，將教師個人的批判反省提昇至學校團隊層次，不僅方向正確，也有助於國內教育環境的革新。只是如何營造有利的實施環境，確保學校本位課程發展的落實，應是所有教育成員必須共同探查的問題。透過此一學校課程發展經驗，有幾個問題值得我們進一步思考。

　　所謂「學校本位課程發展」，係指學校為達成教育目的，解決學校教育問題，以學校為主體，由學校成員例如，校長、行政人員、教師、學生、家長與社區人士一起進行的課程發展過程與結果。

　　儘管本個案學校於學校課程發展的過程中，並不熟悉此一學校本位課程發展理念；但基於對現狀的不滿和試圖解決學校問題的意圖，學校卻能在現有課程彈性中，或結合學者專家的協助，或集合校內成員之力，主動進行學校層級的課程變革。其涵蓋的範圍從正式、非正式到潛在課程，涉及的方案由兩性、環保、鄉土、原住民教育、生活化方案到課程實驗。其結果不但使學校獲致多方的成效，帶動師生、學校的發展，也為國內學校本位課程發展的推動指出一個可行性。

　　其次，有些人擔心學校某些物理條件，例如，學校規模、地理位置、師生人數、師生特質、學校組織氣氛等，將阻礙學校的課程發展，不敢也不認為學校有足以進行課程發展的條件。事實上，學校的條件沒有絕對的優勢或劣勢，端視學校成

員如何看待。例如，教師人事的流動頻繁，雖可能影響學校課程發展的銜接性與成員的認同程度，但換另一角度，卻也是學校人才活化的生機。學校規模的大小也是如此。小型學校雖然在課程發展的過程中可能動員較快，容易短期見到成果，但這不表示大型學校缺乏課程發展的條件。由於大型學校常位處都會區，交通便利，資源人力取得容易，且教師人力充足、人才濟濟，進行學校本位課程發展還是有其優勢。因此學校的許多物理環境或條件，影響的應是學校本位課程發展的經營時程、經營策略，但不足以否定學校發揮課程自主、參與課程發展的理由。任何學校屬性或條件，都可能是學校本位課程發展的阻力，也同時可能是課程發展的助力，消極等待這些環境的完備，不僅不切實際也可能有害學校的發展。

　　復次，學校本位課程發展牽涉人際的密集互動，過程中除了不能保證大家對於學校課程發展的目標與作法一定能凝聚共識外，所有的抗拒、歧見衝突也不可避免。何況這些歧見衝突也不是完全沒有積極的意義。一位課程改革學者就曾說過，參與者的不同經驗、專長與立場，促成了多元的觀點。因此衝突、協商與必要的妥協乃課程改革中不可避免的現象。這些歧見與對立不僅無法避免，同時也是改革成功的要素（Fullan, 1982, 91）。換言之，變革大都來自衝突。衝突的存在往往也正是模糊、對立課程議題與對立價值觀點的所在。承認衝突，分析衝突，面對衝突並加以解決，正是學校釐清問題，尋找盲點的關鍵。當然，我們也可以思考，學校本位課程發展是否一定要堅持全校有共識？如果這些對立的意見各自有理，能否容許校中有校，讓成員在學校的支持下皆進行學校本位的課程發展？

　　還有，學校的課程發展雖可解決部份的教育問題，但營運

過程中也會遭遇問題。這些問題的解決有些固然需要政府等相關單位的支持援助，有些卻可由學校主動尋求化解。以經費與資源的問題即是如此。由於學校本位課程發展的理念本就強調學校成員包括學校教育人員、社區人士與家長的參與與合作。學校除了仰賴政府或外在的財源，其實也應連結社區、家長的力量，籌謀經費資源的解決，畢竟教育並非僅是政府與學校的責任。

參與者的時間與知能的問題亦復如此。有關當局與學校固然有必要檢討教師的工作量與工作範圍，排除華而不實的教育形式、競賽展覽，將課程與教學提為教師專業的優先項目，提供教師更多課程發展的時間。但學校仍可考慮以親師合作的方式，聘請家長或社區人士擔任學校義工或教學助理。當然，最重要的還是教育人員必須改變觀念，視課程發展為教師專業成長的機會，而不是額外的工作與要求。至於參與者知能方面，學校可推動「學校本位的成員發展」，由學校成員規劃進修課程，一方面提昇參與者的課程知能，再方面從中探究學校的課程問題，作為實施學校本位課程發展時發現學校問題的起點。或者，學校也可進行跨校合作，或與專業人士、師資培訓機構或專業團體合作，進行協同研究、獲取諮詢及成員的進修服務。

此外，學校得組織學校課程發展成員，成立「學校課程發展委員會」，建全學校本位課程發展程序，統籌規畫學校的課程方案、人力與物力。

最後，學校本位的課程發展其實是需要摸索的過程。唯有學校事前充分評估學校條件，擬定學校可以營運、可以承載的學校本位課程發展步調、規模、程序，提供成員相應的資源，建立不斷循環改進的機制，才可能做好學校的課程發展。初期

學校可先嘗試從小幅度、小規模的學校本位課程發展入手，從中累積經驗與成果，然後再進行較大規模、大幅度與數量較多的學校課程發展。當然，教育行政當局與學校在推動時，也應體認此點，花時間去經營，採漸進策略，使學校成員認清學校本位課程發展的意義與價值，同時充分衡酌各項有利條件與可能遭遇問題，確實做好實施學校本位課程發展的規畫，提供學校多元的實施途徑。

附註

註一：本實例摘自作者的學位論文。承蒙柑園國中王校長以及學校多位師生家長的協助，提供許多寶貴的資料與意見又慨允同意公開學校經驗，以供國內借鏡參考，謹此申謝。有關本案例的研究設計詳見原論文。

註二：選擇柑園國中作為經驗分享的理由是：該校推動的學校課程發展方案項目多、範圍廣且有些能適時融入正式課程，有助於突破過去國中受升學壓力影響，學校難以發揮主動性，進行學校變革的迷思，觸發國內教育人員更多的思考。

註三：該片記錄了台中南屯劉厝村在劃歸東西快速道路預定地後，當地居民的生活與全村拆遷的過程。

參考書目

中文部份

中華民國課程與教學學會（民87），《學校本位課程與教學創新》。台北：揚智。

王文科（民86），學校需要另一種補充的補充課程：發展學校本位課程。載於中華民國課程與教學學會、中華民國比較教育學會主編，《課程改革的國際比較：中日觀點》，頁67-85。台北：師大書苑。

自由時報（民88），九年一貫制擬重估時程。民國88年5月18日，《自由時報》，第7版。

行政院教育改革審議委員會（民85），《教育改革總諮議報告書》。

張嘉育（民88），《國民中小學學校本位課程發展之研究》。國立台灣師範大學教育研究所博士論文。未出版。

教育部（民82），《國民小學課程標準》。台北：台捷文化。

教育部（民83），《國民中學課程標準》。台北：編者。

教育部（民85），《高級中學課程標準》。台北：編者。

教育部（民87年9月30日），《國民教育階段九年一貫課程總綱綱要》。

黃政傑（民74），《課程改革》。台北：漢文。

黃政傑（民88），國教九年一貫課程的展望。《師友》，379期，頁4-9。

黃惠珍（民87），《綜合高中學校本位課程發展——一所學校

之個案分析》。國立台灣師範大學教育研究所碩士論文。

聯合報（民87），國教授課時數將大減：國中小統整爲七大學習領域，90學年度起分段實施。民國87年10月1日，《聯合報》，第1版。

英文部份

Fullan, M.（1982）*The Meaning of Educational Change*. N.Y.: Teachers College Press.

第五章
九年一貫課程中的學生主體性

謝小芩　范信賢

前言

　　教育部於一九九八年九月公佈「國民教育階段九年一貫課程總綱綱要」（以下簡稱「課程綱要」），做為台灣教育邁入二十一世紀的準備。在該課程綱要中，強調「以學生為主體」、「以生活經驗為中心」，以七種學習領域進行合科統整的教學，裨培養學生「能夠帶得走」的十項基本能力（教育部，1998）。此課程綱要如按照規劃進度在九十學年度實施，必對現行的師資培育方式、學校課程內容、教師專業能力、家長參與校務和學生學習等各方面，造成巨大而深遠的影響。

　　九年一貫課程綱要中標榜的「以學生為主體」的理念，在教育改革的潮流下，大家都已能琅琅上口，但是，單純的宣稱「學習者是教育的主體」，並不能為教育改革帶來進一步的實踐（馮朝霖、薛化元，1997:70）。對於「以學生為主體」的課題，我們深入的思考和研究仍嫌不足，更遑論課程綱要以後實施時，能在學校教育的實踐行動中落實。事實上，學校教育本來就是社會上所有成員參與的公共場域，對於此課程綱要及其後續措施，教育行政單位、教師、家長等皆有機會與管道來發出聲音、表達意見，但是身為學習主體者的學生，對於這份課程綱要，是否有機會來表達他們的看法？此課程綱要既然是為教育二十一世紀的學生所提出的，並且宣稱「以學生為主體」，「學生主體性」在課程規劃及未來實施過程中，又應該被如何看待與處理呢？

課程在學生生活世界實踐的失落

在以「鬆綁」（deregulation）為主要口號的教育改革運動中，包含了一些自由化、民主化、多元化、解放、自主、教育權等觀念集叢（ideasgroup），這些觀念集叢間其實是以「主體性」（subjectivity）作為環繞的核心（馮朝霖、薛化元，1997）。「以學生為主體」在課程規劃與實施上有何意義與重要性呢？茲先舉出我們在教室裡觀察到的一則實例來說明。

筆者之一在一九九五年開始參與國教研習會主持的國民小學「道德」實驗課程研發工作。根據教育部一九九三年公布的課程標準，道德科六年級應學習「維護公理」、「伸張正義」等內容（教育部，1993:37），因此實驗課程在第十一冊（六上）就編寫了「伸張正義巧行動」的教學單元，共三節課。此單元透過閱讀課文、討論事例、分享生活經驗和演練伸張正義的具體技巧等教學活動，希望「使學生在實際生活中能適切表現伸張正義的行動」（國教研習會，1997 b:100）。

為了了解上述「理想課程」在學生現實生活世界中實踐的情形，筆者在一九九八年選擇了一所實驗學校的班級，除了分次（共三次，三節課）觀察本單元上課的情形，並且以一週的時間和學生在學校裡一起活動，以觀察或訪談其生活中「伸張正義」的情形。透過觀察和訪談，對於班上哪些同學較常受到同學「欺負」，我已經逐漸能掌握住大概的脈絡。在課程中我們想要教導學生：「做正義的事情，不只是維護自己的權益，也可以幫助他人免於受到不公平的對待。」（國教研習會，1997 a:47）面對「不公平的對待」，這些被欺負的學生或看到同學被欺負時，在現實生活裡他們會運用課程中所學來伸張正

義嗎？

　　經過三節課的教學後，我以實驗班的一位男生—「明力」（假名，矮矮胖胖的，是弱智的學生）為中心，訪談了一些學生。學生告訴我：「明力有點弱智，又笨、又髒、又懶，有人欺負他了，同學不會幫他，只會在旁邊瞎起鬨」；「我不太敢幫他，因為怕同學說閒話，說我在喜歡他，跟他怎麼好，怎麼好」；「我會想幫呀，可是他們不會聽我的話，他們會說明力是自願讓他們打的」；「老師知道同學欺負他了，就會跟我們說要關心他、幫助他，我們現在較少打他，都是叫他做伏地挺身，他也可以減肥……。」明力則告訴我：「我真高興有一位這樣的老師教我。」當我又問明力怎樣表達對老師的喜愛時，他說：「我妹妹有時會跟老師說班上有人打我，我就跟老師說沒有人打我。」因為：「只要不被老師知道就好了，老師會很傷心！」（范信賢，1999:14-15）

　　在這個事例裡，我們想要教學生「伸張正義」，課程裡也設計了許多活動引導學生達成目標；但是學習的結果，不管是被欺負的「明力」，或是欺負「明力」的同學，或看到「明力」被欺負的同學，他們並沒有真正的在生活世界裡實踐這些課程內容。是我們把目標、內涵訂得太高，遠超過學生能力所及嗎？還是，我們的課程內涵並不符合學生生活世界裡真實的運作邏輯呢？

　　「老師會傷心！」這雖然像是一個小小的事例，但是，想一想，類似多少這樣的情形在學校教育中發生著呢？我們希望學生學到的和學生真正學到的，二者之間有著多少的落差呢？課程的研訂通常反應了社會上核心團體的成人們希望學童擁有的態度（Wilson, 1981）；九年一貫新課程綱要的內容，一樣也存在著這樣的意圖（余安邦，1999）。但是，從「理想課程」

（ideal curriculum）到「經驗課程」（experiential curriculum）的實踐，古德拉（Goodlad, J. I.）指出之間會存在著不少的落差（黃政傑，1985）。事實上，大人想要教給孩子的「理想課程」，和孩子真實生活世界中的運作邏輯，有時是甚少交集的兩個世界；學生做為學習的主體，他並不是空空的容器等待著學校課程來填滿他，在進行學習時，他即已擁有自己的知識、價值態度和行動能力，而會自己去詮釋、建構、轉化或抗拒學校教育的內容。當我們在訂定九年一貫課程綱要的時候，如果專家、教師規劃的課程只顧著去達到成人所訂定的「目標」、「能力」、「內容」，而不能去聽聽孩子真實的聲音，看看孩子真實的生活世界，這些課程對學生而言，將只是「課本的」、「考試的」、「老師要的答案」，而不能被學生放置在他自己的生活脈絡中理解，更進而展現意義與生命力。

　　除此之外，教育的理想還要能培養學生的內在動機（intrinsic motivation），讓學生從學習中即能得到樂趣，為學習而學習，而不是為分數而學習，更不是為討好老師、取悅父母而學習。運用齊森米海利（Csikszentmihalyi, M.）的概念，學習本身即應能讓學生處於一種「神馳」（flow）的狀態：「人們從事某種活動的精神狀態，全然為做而做，經驗本身是如此有趣，即使花極大代價也會樂意去做。」（引自邱連煌，1998）

　　事實上，人之所以能成為主體，關鍵是在於他和客體的關係中顯示出主動、主導、積極能動的性質。如果學生不把學校課程視為是外在於自己而存在的客體，他自己應該就能沈浸於學習內容與過程中，而得到快樂自足，而理解到學習對於他自己的意義性。然而，根據天下雜誌（1998:86）的調查，國中、國小老師眼中只有四成學生覺得快樂。為什麼學校裡仍有這麼多的學生學得不快樂或學不好？為什麼有這麼多的學生在

教室裡只是「客人」而非「主人」？

　　如果課程的規劃與實施不能以尊重學生的主體性做為發展的基礎，理解的學習和有意義的學習，將會是學校課程和學習者之間難以跨越的鴻溝；類似「伸張正義」事例裡的教學落差，也將會在各角落的學校教育裡不斷的出現。而這些，不也正是目前九年一貫課程綱要所欲解決的問題嗎？

工具理性、成人權威與學生主體性

　　蘇格拉底認為，受教育即是要發展每個人的自我並實現自我（徐南號，1993:218），換言之，即是「發展受教育者的主體性」。「主體性」一直是西方哲學關切的核心概念，從笛卡兒揭櫫「我思故我在」的肯定主體性的先驗存在，到後現代主義的宣布「主體已死」，西方哲學界對於「主體」的概念一直有著不同的詮釋與爭辯（沈清松，1996；楊深坑，1996）。然而，透過這些思考上的辯證，漸漸的釐清：主體性不是天生既存或現成的，也不是自己有這樣的意願就會產生一種主體性，因此它並非孤離而抽象的，而是透過實際上與他人的關係、社會的互動而建構的，換言之，個人是透過「互為主體性」（inter-subjectivity）的過程而建構了自己的主體性。所以，「主體性」是個人意識與社會結構的匯流點，而同時呈現著個體與社會整體之間的緊張辯證關係。

　　在現行制度設計下，學校教育被認為應該是要幫助學生實現人類潛能、走向自由與解放，也就是「成為主體」；然而，反諷的是，成人透過對學校課程知識的控制和學生日常行動中規訓（discipline）權力的運用，反而使得學習者的主體性變成

一種虛假意識的存在，學校也常被比擬為另一種形式的監獄（Foucault, 1977）。在這種情境下，對於學校課程而言，主體性的討論將會引導至一種兩難的情境。一方面，我們認為接受國民教育的孩子沒有能力決定自己應該要學習些什麼，他們需要成人的引導幫助他走過學習的歷程；畢竟孩子是人類長期文明累積結果的繼承者，放任他在冰河期的智慧迷宮中遊蕩，是件荒唐的事。然而，另一方面，我們若因此而認為「小孩子有耳無嘴」，只單方面的想要學生接受我們所教導，反而可能使得孩子在離開學校後並不理會我們曾經教導過的，那麼教學不但是徒勞無功，學校也難保不會被當做另一種形式的監獄。

當然，教育本身具有「導引」的性質。然而，這種「導引」是要把學生視為被塑造、被支配的客體來看，或是視為積極能動的主體來看，是教育哲學的基本挑戰。謝爾（Scheer）即認為：「教育學的中心概念─Building，必須就個體化與社會化兩者間矛盾統一的關係去掌握。」（引自馮朝霖、薛化元，1997:83）艾波（Apple, 1982）也指出：結構雖比主體意識更具有優先性，但由於結構與主體意識具有辯證的關係，人的主體意識具有轉化社會結構的可能性。在這樣的觀點下，學生主體性的建構與教育制度之間存在著辯證的互動關係。所以，討論九年一貫課程中學生「主體性」的問題，就必須揭露學生在學校教育中的處境，及其與學校課程互動情形。

學生在學校課程中難以實踐其主體性，固然有其先天上身心發展的限制因素，但是，教育的本質與主體性的建構既然都是一種主體跟主體之間「互為主體性」的過程，我們即必須指出，學生主體性實踐的更大阻礙，其實是來自教育過程中與之「互動」的另一些主體─訂定和實際實施課程綱要的課程專家、行政人員、教師或家長等成人。成人在學校教育中對於

「工具理性」和「成人權威」的誤用,是學生主體性實踐的最大阻礙。

先從「工具理性」的意識型態談起。如果將學生視為主體,他自己本身即為目的,而不能被當作是達成某種目的的工具或手段。然而,學校體制,原來是為了發展人的主體性而設立的,但是,一旦變成為結構性的存在,它彷彿就有了自足的力量:結構先於人的主體,人與其生命的意義或主觀的感受在結構中變得不重要了,這就是韋伯(Weber, 1964)所描述的情形:工具理性對目的理性的越位而築成「鐵的牢籠」。

Giroux也認為,強調技術取向的工具性意識型態(instrumental ideology)的日益盛行,是學校教育面臨的一項重要威脅(謝小芩譯,1995)。在這種取向下,學校教育意謂著效率(efficiency)、可計算性(calculability)和去除人性化(de-humanization)(Ritzer, 1989:252),因此,有關學校課程的規劃與設計是由課程、教學與測驗專家負責,教師則負責執行已經制定好的教學內容和教法,而來自不同背景、經驗語言習慣、文化與天賦的學生,在管理教育學理論的邏輯與可靠性中被策略性的忽略了,學生被簡化成一長串無生命的數字與成績,而成為學校或教師達成某種教學績效的工具,或課程專家評量「基本能力」的指標。當我們口口聲聲宣稱我們的規劃的課程、教學的內容、舉辦的活動都是為了學生的教育成長而存在時,學生本身卻在這些過程中「隱形」─消失了主體性。在這種「工具理性」的意識形態下,「分數機器」就成了學生主體性在學校處境中的鮮明寫照。

此外,近年來,學校課程中有關「漢族中心」、「領袖崇拜」、「男性至上」、「權威服從」等意識形態,持續受到許多學者的檢視和批判(歐用生,1990;石計生等,1993;游盈

隆，1993；洪萬生、彭婉如，1994），進而在各界的關注下做了某些改變。但是，「成人權威」呢？課程規劃與教學中的「成人權威」的意識形態，卻相對的受到忽視。我們宣稱課程是「以學生爲主體」，卻在過程中完全只是由成人來主宰與規劃。無怪乎有人稱九年一貫課程是「成人世界的大拼盤、大人眼中的大雜燴」（余安邦，1998:25）。顯然的，因爲學生在學校教育權力關係上的弱勢，在課程規劃與實施的過程中，「成人權威」的意識形態仍未被積極的反省與批判，而導致了成人權威的誤用。在成人權威的誤用下，「有耳無嘴」就成了學生主體性在學校課程中處境的鮮明寫照。

「分數機器」、「有耳無嘴」反應著學生在學校教育中被動、無奈的處境。在我們宣稱九年一貫課程綱要是「以學生爲主體」時，「工具理性」和「成人權威」的意識型態就應該是我們加以注視與批判的焦點，而這種注視與批判，其實即是「成人」自我反省的開始。

重視學生的主體性：「對話」與「視域融合」

筆者於上文中指出，成人在課程規劃與實施過程中對學生主體性所產生的影響，將會面臨一種兩難辯證的情境。如果運用不當，成人權威會是阻礙學習者實踐其主體性的主要障礙；但另一方面，成人權威運用得當，它卻可能成爲建構學習者主體性的主要助力。它會導向哪一方向，重要的關鍵是課程規劃與實施過程中，成人與學生之間存在著何種性質的權力關係？

我們既然肯定主體性不是現成的既存狀態，而是透過「互爲主體性」的過程彰顯，在這樣的觀點下，我們即也肯定自己

不能認識自己，對自己的認識是經過他者，對他者的繞道才能夠回來認識自己；經過他者做為中介，我們才能認識生活、認識自己。因此，主體與主體之間的對話與互動是人架構知識、建構價值態度、認識世界的基本前提。教育欲要學習者建構知識、情意、技能並承繼文明，它就需要建立在互為主體性的「對話」（dialogue）的關係上（Gadamer, 1975）。換言之，教育的實踐需要學生和學科專家、研究者、教師、家長等各主體，進行互為主體性的「對話」。

「互為主體性」的教育對話，是一種怎樣的情境？我們可以先從指出「反對話」關係切入。「反對話」的典型關係，傅雷瑞（Freire, 1970:4）曾經描述：「學生是貯藏庫，教師是貯存者。教師不用溝通，而代之以喋喋不休，然後學生即小心翼翼的吸收、記憶與反覆練習。……知識是由自認博學多聞的人贈與懵懂無知者的禮物。」（引自張銀富，1989:60）。哈伯馬斯（Habermas, 1979）也指出，缺乏理性的對話與溝通而欲宣稱其論述的有效性，即是流於「單邊的認知」（one-sidedly cognitive），而變成為自以為是的「獨白」。不管是成人的「獨白」或學生的「有耳無嘴」，當此種關係在課程規劃與實施過程中若被固定下來，學生即會成為「旁觀者」，而非是積極能動的學習主體。

因此，互為主體性的對話是要大家在模糊的答案下參與協調，然後取得共識，而不只是某個人提出某個問題，然後就由某人決定誰該怎麼做。一種良好的對話關係，「交談的雙方在同一水平上協同完成溝通的內容，雙方的關係是以交互逐情（empathy）的了解來維持的；但在反對話關係中，雙方的地位卻是做垂直上下的安排，在下者只能接收在上者的不斷發言，其發言內容不是溝通，而是詔告諭令，交互逐情的管道斷裂，

只剩下傲慢、卑視、反批判與不信任。」（宋文里，1995:8）。在真誠的教育對話關係裡，有賴於成人與學生之間「互為主體性」的肯定，也就是我們要把自己當作一個主體，把我們所遇到的學生也當作一個主體，並有意願與能力採取當事者的觀點，專注觀察學生在教室、在操場、在家中和在街上實際發生的一切經驗，並設法了解學生生活經驗的真實面貌和運作邏輯。

在互為主體性的教育對話關係裡，成人和學生各自從本身特定的觀點出發，經過經驗的分享、理解與詮釋，使得剛進行對話時各自抱持的觀點有變化，而有機會獲得未曾預期的理解或洞見，這就是高達美（Gadamer, 1975）所稱「視域的融合」（the fusion of horizons）。經由視域融合產生的理解或洞見，是學習的一種高峰經驗，它是共同參與對話者所尋求的，但不是尤其中任何一方所能決定的。

成功的對話可以產生視域融合，使得參與的雙方彼此都成為被改變者。傅雷瑞（Freire）即說：「透過對話關係，『學生的老師』和『老師的學生』不再存在，而一組新的關係卻冒出來：『做為老師的學生』和『做為學生的老師』。老師不再只是個教書的人，而是在和學生對話的關係中也成為一個受教者，回過頭來，這位受教者也同時在教人。」（宋文里，1995:8）基諾斯（Giroux, 1992:206）也認為老師藉由批判的方式來傾聽學生的聲音之時，老師會變成一個「界線的跨越者」（border-crossers），藉此不僅能超越「成人」的框框去體會學生生活世界的存在，也更有可能以尊重多元的方式創造更多樣的主體認同。

主體性的建構，是透過「互為主體性」過程達成的，因此，學生主體性在九年一貫課程規劃與實施過程的體現，需要

成人將自己視爲完整的主體，將學生也視爲完整的主體，眞誠的進行「對話」，並願意採取學生的觀點，進行自我的批判與反省，而達到「視域融合」的成長和改變。

檢視九年一貫課程綱要的規劃與實施

九年一貫課程綱要既然宣稱是「以學生爲主體」，如果僅停留在宣稱的層次，而未能深入省思課程規劃與實施中的「工具理性」的意識型態、「成人權威」的運作性質，而未能與學生的生活經驗進行溝通與對話，而未能與學生產生互爲主體性的視域融合，對學習主體的學生來說，其意義將會是空洞的，其結果將類似「伸張正義」的事例顯現出理想和現實之間的重大落差，而讓九年一貫課程的規劃與實施形同是成人世界的一種僞善。

在上述的關懷下，九年一貫課程的規劃與實施過程中，我們可以進行哪些具體的行動來落實「以學生爲主體」的理念呢？

第一，「工具理性」的意識形態和「成人權威」的誤用，是阻斷我們和學生互爲主體性對話的主要障礙。九年一貫課程欲落實「以學生爲主體」的理念，首先要身爲成人的教師、課程研究者，自我省思「工具理性」和「成人權威」的意識形態，檢視我們和學生之間存在的權力關係。我們是否能做到將學生本身即視爲目的而非任何政治、經濟或成人私利的工具？我們是否尊重學生也是完整的主體，誠心誠意的去付出自己所擁有的，也誠心誠意的接納對方所帶來的？

第二，我們要能以學生的觀點來檢視我們在課程綱要中訂

出的目標、綱要和能力。目前，課程綱要中的目標、綱要和能力指標都是我們成人訂出的「理想」，但是，這些理想是一種「合理的期望」，或者只是一種「不切實際的幻想」？是學生生活世界裡可以理解活用的運作邏輯，或只是應付考試用的死知識？這些問題的解決，需要我們真誠的來和學生的學習及生活經驗對話。因此，對於九年一貫課程，直接的，我們可以多邀請學生來表達他們的觀點（參加會議、座談等）；間接的，我們需要進行許多相關的質性或量化研究，了解學生於各相關領域具有的學習經驗、生活經驗、身心發展狀況（包括：知識、感受、價值觀、技能與行動等）；這應是九年一貫課程規劃與實施的基礎工作。

第三，我們需要反省與檢視，九年一貫課程是透過怎樣的過程決定的？決定的過程中，學生是否有機會和管道來表達他們的想法和需求？如果我們真誠的視學生為「對話的主體」，學生就不應該是懵懂無知的、有耳無嘴的或等著被動接受的；對於學校教育的過程和內容，學生也有需求，也有他們自己的話要說。九年一貫課程的實施和規畫，應該多邀請學生來分享與溝通他們在各相關學習領域上的需求（受教育的願景、希望學得的能力等等），或是透過研究調查來瞭解學生們的教育需求，搭配著家長、教師或課程專家的需求研究，讓學生和成人二者有機會對話，而讓學校教育是真正為學生而存在，讓每個學生在學習過程裡皆有機會體會「神馳」的狀態。

第四，落實「以學生為主體」的理念，需要每一個人讓自己既是教師又是學生。「既是教師又是學生」觀念和能力，不僅是參與九年一貫課程的「成人們」（學科專家、課程專家、家長、教育行政人員等），更是將來在第一現場的學校教師必須具備的。九年一貫課程即將實施了，在「以學生為主體」的

理念下，教師能否落實多元化、個別化的教學，幫助不同天賦特性、不同文化背景的學生，皆能有機會體會學習的高峰經驗？「對話」、「視域融合」的相關理念，教師要如何才有可能在學校的生活世界中加以實踐？我們是否做好了相關教師培育或進修的準備？在這方面，教師需要發出聲音，我們也需要傾聽教師發出聲音：除了從結構性探討教師實踐的困難所在之外，也要回到教學現場，建立可能實踐的具體論述；而這些是九年一貫課程規劃與實施的寶貴資產。

　　「以學生為主體」來檢視九年一貫課程的規劃與實施，做為成人的我們需要能採取「學習主體者」的觀點，反省自己的成人權威，傾聽學生的聲音，瞭解學生的生活世界，真誠的和學生對話。此外，我們也需要「行動研究者」的觀點，讓自己「既是教師又是學生」，把自己的知識觀點看做不是永遠優於學習者擁有的知見，永遠需要加以質疑，而願意回到教學現場去發現問題、解決問題，親身體驗彼此對話所帶來的成長和改變。

結語

　　柏拉圖主張由一個握有最高知識的哲學家，以一個客觀外在的理想生活方式，塑造所有公民的作法，不可能構成真正美好的生活，因為對每一個個體來說，一個美好的生活方式的必要條件是，過這樣生活的人必須能內在的理解和肯定此一生活方式。由外在力量所塑造的生命理想，就像是沒有經過反省的生命一樣，沒有多大的價值（林火旺，1993:112）。九年一貫課程的規劃與實施不也是一樣，它需要做為學習主體者的學生

點燃學習的熱誠，從內在的肯定學校教育對他自己生命的意義，而不只是由學者、專家、教師或家長，單方面的決定或告訴他可以做什麼、應該怎麼做等等。

我們願意相信，「以學生爲主體」並不只是一種口號，對「學生主體性」議題的討論，即是要把教育理念和教育行動拉回到上述基本的關懷上加以檢證並促成其實踐。在九年一貫課程規劃與即將實施的同時，如果眞的是「以學生爲主體」，我們可以做一些事和學生成爲相互主體性：與學生一起注視和面對他們實際生活世界裡的經驗，傾聽他們對於學校課程發出的心聲，探索他們對於學校教育的需求，眞誠的與他們的生活及學習經驗對話。透過這些過程，九年一貫課程規劃與實施裡的專家、行政人員、教師和家長不再只是「教師」，卻也同時會是「學生」；受國民教育的學習者，也不再只是「學生」，卻也同時可以是「教師」，因而得以在「對話」與「分享」的關係裡體驗彼此的成長和改變。而這些，需要我們在課程規劃與實施時放下自以爲是的「成人權威」。

參考書目

中文部份

天下雜誌（1998）。教師大調查。《天下雜誌1998教育特刊—跨世紀希望工程師：海闊天空II》（pp.84-92）。

石計生等（1993）。《意識形態與台灣教科書》。台北市：前衛。

宋文里（1995）。「批判教育學」的問題陳顯。《通識教育季刊》，2卷4期（pp.1-15）。

余安邦（1999）。夢中情人──九年一貫課程。收於國立教育資料館主辦，國立台北師範學院承辦，《現代教育論壇（一）》新世紀的新課程（pp.23-28）。

沈清松（1996）。當代哲學的思維方法。《通識教育季刊》，3卷1期（pp.61-89）。

林火旺（1993）。自由主義的公民教育。《哲學雜誌》，第五期（pp.108-130）。

邱連煌（1998）。兒童的智能：多元智能理論在教學上的應用。收於中華資優教育學會、國立台灣師範大學特教中心主辦，《資優教育教師專業知能研討會－多元智能與成功智能的理論與實務會議手冊》（pp.7-23）。

范信賢（1999）。對國民中、小學「道德學科」研究取向的若干想法：學生生活世界的切入觀點。《研習資訊》，16卷1期（pp.11-16）。

洪萬生、彭婉如（1994）。教材設計與社會文化。收於《台灣

的教育改革》（pp.471-499）。台北市：前衛。

徐南號（1993）。台灣教育史之回顧與展望。收於徐南號主
　　編，《台灣教育史》（pp.211-236）。台北市：師大書苑。

教育部編（1993）。《國民小學課程標準》。台北市：台捷。

教育部（1998）。《國民教育階段九年一貫課程總綱綱要》。未
　　出版。

張銀富譯（1989）。《當代教育思潮》。台北市：五南。

黃政傑（1985）。《課程改革》。台北市：漢文。

馮朝霖、薛化元（1997）。主體性與教育權。收於林本炫主
　　編，《教育改革的民間觀點》（pp.69-122）。台北市：業
　　強。

游盈隆（1993）。分科體檢－生活與倫理科。收於《體檢小學
　　教科書》（pp.17-27）。台灣教授協會主辦。

楊深坑（1996）。理性的冒險、生命的行動及主體性的失落與
　　拯救。《教育研究所集刊》，第三十七輯（pp.20-38）。

歐用生（1990）。《我國國民小學社會科「潛在課程」分析》。
　　國立台灣師範大學教育研究所博士論文。

臺灣省國民學校教師研習會主編（1997a）。《國民小學實驗教
　　材道德實驗課本第十一冊》。台北縣：臺灣省國民學校教
　　師研習會。

臺灣省國民學校教師研習會主編（1997b）。《國民小學實驗教
　　材道德教學指引第十一冊》。台北縣：臺灣省國民學校教
　　師研習會。

謝小芩譯（1995）。重新思考教師角色。《通識教育季刊》，2
　　卷4期（pp.89-104）。

英文部份

Apple, M. (1982). *Education and Power*. London: Routledge & Kegan Paul.

Foucault, M. (1977). trans. by Sheridan, A. *Discipline and Punish: The Birth of the Prison*. New York: Random.

Freire, P. (1970). *Pedagogy of the Oppressed*. tran. by Ramos, M. B. New York: Herder and Herder.

Gadamer, H. G. (1975). *Truth and Method*. New York: Continuum.

Giroux, H. (1992). Resisting Difference: Cultural Studies and the Discourse of Critical Pedagogy. In L. Grossberg, C. Nelson & P. Treichler (eds.) , *Cultural Studies*(pp.199-212). New York: Routledge.

Habermas, J. (1979). *Communication and the Evolution of Society*. tran. by T Mccarthy. Boston: Beacon Press.

Ritzer, G. (1989)，馬康莊、陳信木譯。《社會學理論》。台北市：巨流。

Weber, M. (1964). *The Theory of Social and Economic Organization*. tran. by Henderson, A. M and Parsons, T. New York: The Free Press.

Wilson, P. (1981)，朱漢雲、丁庭宇譯。《中國兒童眼中的政治》。台北市：桂冠。

第六章
九年一貫國民教育課程改革
與教師專業發展之探究

蔡清田

前言

　　本文旨從「課程改革」（curriculum reform）、「課程發展」（curriculum development）與「課程實施」（curriculum implementation）的觀點，論述九年一貫「課程革新」（curriculum innovation），剖析其與教師專業發展之間的關係，特別是就國家層面課程改革、學校層面課程發展與教室層面課程實施等面向，闡述相關配套措施，進而指陳學校如何因應國民教育的「改革」（reform），進行九年一貫課程的「革新」（innovation），指引教師如何達成九年一貫課程的「變革」（change），提昇國民教育素質。

　　作者第一個探究的重點，是從國家層面課程改革觀點，剖析此項課程革新的理念，進而指出透過重視教師參與國家層面課程改革的策略，協助進行教師專業發展。第二個主要探究的重點，是從學校層面課程發展觀點，分析此項課程革新的原理與教師專業發展的關係，並說明透過鼓勵教師投入學校課程發展的策略，協助進行教師專業發展。第三個重點，是從教室層面課程實施觀點，探究教師在課程實施中所扮演的角色，指陳透過增進教師落實教室層次課程實施的策略，協助進行教師專業發展。

九年一貫課程改革的時代意義

　　即將於2001年實施的九年一貫課程，歷經前任教育部長吳京與現任部長林清江之主導，秉持前行政院教育改革審議委員

會與教育部推動教育改革之理想，經由教育部聘請前行政院教育改革審議委員會委員、民意代表、工商企業代表、婦女界、家長代表、民間教改團體、專家學者、行政人員、校長、主任與教師代表等，共同組成「國民中小學課程發展專案小組」，一改過去聘請不同工作小組分別修訂《國民小學課程標準》與《國民中學課程標準》的作法，企圖透過「國民中小學課程發展專案小組」的人員統整，避免國民教育階段的課程內容缺乏連貫與不當重複的積弊（林清江，1998），改進國民中小學課程的一貫性以及統整性（陳伯璋，1999a；歐用生，1999a；Beane, 1998），深具時代意義。

因應社會變革與國家教育政策，由中央政府主導推動課程改革

　　九年一貫課程革新，是由國家推動的課程改革，顯示中央政府企圖推動變革之決心。然而一般人常將「革新」、「改革」與「變革」混為一談。事實上，革新是指近期開發出來的新穎理念方法或方案等，特別是指學者專家所建構的新物件、或新觀念、或新措施等另類選擇的教育理想，或這些新觀念措施等教育理想被某一團體或個人採納使用的歷程，企圖達成「變革」的過程與結果（Marsh, 1992, 140）。「課程革新」是學校教育人員所面臨的某種教育理想及嘗試企圖所支持的新課程、修訂課程、課程政策或課程理念（Fullan, 1992, 22），特別是由課程學者專家根據課程理想所提出的慎思熟慮的課程方案建議，企圖達成「課程技術」或「教學方法」或是「教材內容」等之改變（蔡清田，1997b, 141）。

　　「改革」是指由政府研議規劃的大規模「革新」或民間與

企業界所企圖進行的「革新」，有時特別是指政府所發動的「革新」，往往透過立法程序或行政命令所進行的革新。例如，教育部公佈的《國民教育階段九年一貫課程總綱》（教育部，1998），便是呼應前行政院教育改革審議委員會《教育改革總諮議報告書》（行政院教育改革審議委員會，1996）之教改願景，根據國家教育改革政策，由政府規劃課程革新，企圖達成學校教育目標與課程內容等層面之「改變」。

　　「變革」包括事前經過精心規劃與未經過規劃預期的「改變」與非預期的「變異」，以及偶發性、自發性之「變遷」(House, 1974, 77)。「變革」是一種學習新觀念與新事物之歷程與「革新的結果」或「改革的結果」（Elliott, 1998）。「課程變革」可能是由於社會壓力所造成的「課程革新」或「課程改革」之結果。但是變革與革新兩者之間很難完全截然區分，因為如果能從九年一貫課程革新的社會變革情境脈絡來加以詮釋，將能有助於對九年一貫課程革新之理解。

國民教育階段課程改革，重視學生基本能力與教師專業能力

　　九年一貫課程改革，是由國家推動的國民教育階段學校教育內容課程革新。由於台灣過去多年來的努力，在國民教育學校數量的擴充方面已有可觀的成就，但學校課程革新速度及幅度均遠不及社會變遷的需求。尤其在解嚴之後，台灣社會急遽邁向多元開放民主與國際化，學校課程更顯現與社會脫節的嚴重現象。因此，教育部積極組成專案小組進行課程改革；民間也透過森林小學、種子學苑等實驗方式進行革新，同時師範教育學會、課程與教學學會等教育專業團體更提出統整課程、學

校本位課程發展的理論基礎及解決問題的建言，積極投入革新熱潮（陳伯璋，1999b, 5）。

　　林清江部長就任後，更進一步親自召開並主持「國民中小學課程發展專案小組」，研擬授權學校進行課程發展與發揮教師課程設計專業能力的《國民教育階段九年一貫課程總綱》，指出課程改革之基本理念、課程目標、基本能力、學習領域，並將於1999年9月公佈各學習領域課程綱要，加速推動教育改革步調。課程總綱綱要的內涵與以往課程標準有顯著差異，其特色包括：以培養現代國民所需的基本能力為課程設計核心；以學習領域合科教學取代現行分科教學；提供學校及教師更多彈性教學自主空間；降低各年級上課時數，減輕學生負擔；國小自五年級起實施英語教學；減輕對教科書的依賴；完整結合課程、教學與評量（陳伯璋，1999a, 8）。這是台灣課程改革劃時代的一個里程碑，此項革新可以與三十年前實施九年國民教育之改革相互對照如下（表6.1）：

表6.1　1968年延長國民教育年限與1998年九年一貫課程改革之對照

1968年實施九年國民教育學校制度	1998年推動九年國民教育課程一貫
年限延長	課程改革
量的擴充	質的提昇
強調升學聯考科目	強調終身學習目標
重視學科知識內容	重視生活基本能力
學科分化科目林立	學習領域課程統整
分科教學	合科教學
行政管理課程控制	行政鬆綁課程解嚴
集權中央制訂課程標準	授權學校本位課程發展
規定用書進行統一編審	鼓勵教師進行課程設計

九年一貫課程改革的重點至少包括三方面，一方面指出國民教育階段學校教育目標，重視當代生活所需的能力；第二方面依據基本能力，指引學校課程內容，規劃學習領域，取代只重視升學準備考試之傳統科目，避免科目分立，知識支離破碎；第三方面另藉學校本位課程發展（school-based curriculum development）與教室層面課程設計（Posner & Rudnitsky, 1997），落實教師實施課程之過程與結果，充實學生學習經驗（林清江與蔡清田，1997），不僅符合從情境觀點界定學校課程的意義（黃光雄，1996），更重視教師的專業能力（林清江，1996a; 1996b）。

九年一貫課程改革與教師專業發展

　　作者從國家層面課程改革、學校層面課程發展與教室層面課程實施等觀點，說明九年一貫課程改革與教師專業發展之關係，闡述教師在課程改革中的角色。

國家層面課程革新與教師專業發展

　　九年一貫課程革新，是由國家教育政策主導，並由教育部負責推動的國民教育課程改革，一方面重視教育行政機關的推動功能，另一方面也重視基層學校教師的參與。

透過國家公權力推動的課程改革

　　九年一貫課程革新，是由國家公權力推動的課程改革。教育部制定並公佈「課程總綱綱要」，將教改理想具體轉化為課

程目標、基本能力與學習領域內容。基本上與美國聯邦政府公布國家教育目標、英國制訂國定課程、澳洲政府推動的「學以致用的關鍵能力」等改革，皆顯示中央政府透過國家公權力推動課程革新的趨勢。我國教育部進而從人與自己、人與社會、人與自然等人類生活面向之廣域課程出發，規劃語文、健康與體育、社會、藝術與人文、數學、自然與科技、及綜合活動等七大學習領域，以合科教學取代分科教學（林清江，1998; 教育部, 1998），而且重視國際化趨勢，國小開始實施英語教學，符合世界教改潮流與課程統整趨勢（歐用生，1999a；Beane, 1998）。

「課程總綱綱要」規定全年授課二百天、每學期上課二十週、每週授課五天為原則，規範全國各校必須授課的最低「基本教學節數」。一至六年級必修節數包括七項學習領域內容，佔基本教學節數之80～90%，選修節數佔基本教學節數之10～20%。七至九年級必修節數包括七項學習領域內容，佔基本教學節數之70～80%；選修節數佔基本教學節數之20～30%（教育部, 1998）。各校除最低教學節數外，每週至少百分之二十時間為「彈性教學節數」，留供班級、學校、地區進行適性發展或個別化教學的彈性運用時間。而且上下學期亦可依實際需求，彈性調整週數及日數。授予學校更多彈性時間，授權學校進行課程發展的彈性，激發學校改革的內在機制，強調學校本位課程發展（王文科，1997; 黃政傑，1985; 陳伯璋，1999b, Eggleston, 1979, 12; Skilbeck, 1984），鼓勵教師參與課程改革，進行教師專業發展。

透過重視教師參與國家層次課程改革的策略，協助進行教師專業發展

教育部透過專案研究、分組討論、分區座談與公聽會，廣納社會各界，特別是社會賢達、家長代表、教改團體與基層教師之建議，透過課程研究發展推廣，授權學校進行課程發展，發揮教師課程設計專業能力，希望透過教師積極參與課程改革，獲得教師專業發展。

1.聘請教師參與國家層面課程改革規劃，研擬重視教師專業的課程總綱綱要

課程改革往往忽視了改革過程的複雜性，往往落入了「陷阱」而不自知（歐用生，1999a, 22）。例如，過去我國缺乏常設的課程研究發展機構，持續進行系統的課程標準研究發展。而且基層教師參與感不足，影響課程標準的推動與實施（陳伯璋，1995）。因此，教育部根據行政院教育改革審議委員會推動教育改革的願景，進行課程改革，鼓勵教師因應學生特質，活用教材教法，進行適性教育與課程革新。

例如，在「國民中小學課程發展專案小組」33位成員中，教師代表便有12位之多，足見教育部十分重視教師參與國家層次課程改革，鼓勵教師扮演課程改革推動者角色（陳伯璋，1999c）；而且實際上根據專案小組的教師成員表示，專案小組也透過教師會組織的系統化轉播，進行與教師組織的意見領袖或組織幹部進行溝通（楊益風，1999, 52）。可見，我國九年一貫課程改革，並不同於美國1960年代仰賴學科專家權威，設計「防範教師的課程」（teacher-proof curriculum），更不同於英國監督控制教師教學的國定課程，詳細規定教學內容及教學評

量（Hodkinson, & Harvard, 1994）。因爲「防範教師的課程」，爲了避免教師素質不良，造成教育品質低落。便要求教師忠實實施課程，將教師視爲技術人員，忽略教師專業反省批判的重要性，不易落實課程改革理想（歐用生，1999b, 22）。

九年一貫課程總綱內涵的實施原則，保留教師專業自主與課程設計所必需要的彈性空間（教育部，1998）。就課程發展的原理而言，九年一貫課程改革是由政府政策主導的教育革新，此種國家主導的課程改革途徑，強調學校課程發展設計應屬教師專業之一環，因此，賦予教師進行課程發展設計之專業彈性空間，與透過以國家政策本位的課程發展（national policy-based curriculum development）、教師教學本位的課程發展（teacher teaching-based curriculum development）、行動研究本位的課程發展（action research-based curriculum development）等進路（蔡清田，1997a），重視學校本位課程發展與教室層次課程設計能力之重要性（黃政傑，1991; Posner & Rudnitsky, 1997），肯定「教師即研究者」的課程發展理念（歐用生，1996），說明了「沒有教師專業發展，就沒有課程發展」(Elliott, 1992; Stenhouse, 1975) 的重要性。更說明了教師不僅是國家層次課程改革的實施者，也是參與國家層次課程改革的發展設計者（蔡清田，1992, 145）。

2.加強國家層次課程改革之推廣宣導

「課程改革」所要改變的不單是課程，也應該包括學校教育人員，因此必須規劃新課程研習、教師在職進修與加強課程改革之推廣宣導措施等，方能有效地協助教師進行教師專業發展。

教育部專案小組曾經透過教師會組織的系統化轉播，然其溝通層面只限於教師組織的意見領袖或組織幹部層級，但是就學校教師而言，保持觀望、態度保留或無意了解者，仍佔多數（楊益風，1999, 52）。因此有必要增進教師對新課程的認識與理解，以促成教師專業發展。而且，教育部除了大量印製課程總綱綱要之外，也應編輯「參考手冊」、「新課程Q＆A」等宣傳手冊廣為宣導，同時應該成立「九年一貫新課程宣導小組」（陳伯璋，1999a, 11），作為課程改革的推廣種子，辦理新課程研習。因為如果新課程實施前的宣導不足，則教育行政人員、中小學教師、學生、家長、師資培育機構師生與社會大眾不易認識新課程。是以政府應廣為宣導，增進上述人員對此項改革之了解（吳清山，1999, 11）。

學校層面課程發展與教師專業發展

　　過去的中小學必須遵照課程標準的規定實施，學校甚少從事自發性的課程發展，缺乏辦學特色。九年一貫課程改革的精神，旨在修訂學校課程內容，改變只重視升學準備考試之傳統課程，強調「課程綱要取代課程標準，學生學習中心取代學科本位中心，學校本位課程發展取代中央政府統一編輯」等觀念，鼓勵教師主動發展課程（林清江，1998），提供學校與教師更多彈性自主的專業空間與時間，鼓勵從事學校課程規劃、設計、實施與評鑑，引導教師進行專業成長。

倡導學校本位課程發展

　　國家主導之「課程改革」與學校「課程發展」並非兩不相容，可以互相補充。學校是教育改革的基點，若要使教育改革成爲永續事業，則從學校教育體制內激起革新的機制是必要的，而學校本位課程發展就是此內在機制之一（陳伯璋，1999b, 7）。由於每個學校皆有其獨特性，如果缺乏學校教育人員主動從事課程設計，將難以滿足其特殊情境需求。因此，學校教育人員必須進一步根據學校所面臨的問題，採取問題解決的行動去規劃學校課程。學校本位課程發展是以學校的自發活動或學校的課程需求爲基礎的發展過程，在此過程當中，透過中央、地方和學校三者的權力與責任之再分配，賦予學校教育人員相當權利和義務，使其充分利用學校內外的各種可能資源，主動自主而負責地去規劃設計、實施和評鑑學校課程，必要的話可以尋求外來的專家顧問之協助，以滿足學校師生的教育需要（黃政傑，1985, 145; Eggleston, 1979, 12），提供師生多元的選擇機會（林清江與蔡清田，1999）。

　　因此，在課程總綱綱要當中，明確指出：第一，減少各年級每週教學節數：一、二年級：20~22節（現爲廿六節），三年級：22~26節（現爲卅三節），四年級：24~26節（現爲卅三節），五、六年級：26~28節（現爲卅五節），七年級：28~30節（現爲卅三至卅四節），八年級：30~32節（現爲卅五至卅六節），九年級：30~35節（現爲卅五至卅八節），每節上課以四十至四十五分鐘爲原則。學校得視課程實施之需要彈性調整學期週數、每節分鐘數，以及年級班級的組合。第二，在「基本教學節數」之外的「彈性教學節數」當中，提供學校規劃辦理全校性和全年級活動的「學校行事節數」，可執行教育行政機

關委辦活動，及依學校特色所設計的課程或活動。而且學校可視環境需要，以課程統整精神，設計課外活動，利用課餘時間，輔導學生積極參與各項社團及服務社區，培養學生自我學習之習慣與知能（教育部，1998）。

透過鼓勵教師參與學校課程發展的策略，協助進行教師專業發展

學校本位課程發展，強調專業的重要性，將會活化課程參與者角色，提昇教師專業能力。以往教師在傳統「由上而下」的課程發展模式影響下，課程設計的「武功」逐漸式微，造成「專業技巧喪失」（de-skill）。九年一貫課程改革重視學校本位課程發展，正是讓教師再恢復「武功」（re-skill），並提昇其專業能力（陳伯璋，1999b, 7）。

1. 結合全體教師之專長，進行學校整體課程之規劃，發展學校課程特色

學校本位課程發展是由參與作課程決定的所有成員，參與課程規劃、設計、實施與評鑑整個學校方案活動的過程（王文科，1997, 6）。必須透過學校領導人物例如，校長、主任、教師等等透過正式與非正式的關係來促進學校文化的改變，逐漸形成共識，培養學校團隊精神與合作態度（陳伯璋，1999a, 12）。

學校課程發展應該奠定在教師所進行的課程設計基礎之上，精益求精。學校課程發展的順序而言，首先進行學習情境的評估與分析，據此而提供不同的計畫內容；第二步是擬定目標；第三步是方案設計；第四步是解釋和實施；第五步是檢查、評估、回饋與重新建構（Skilbeck, 1984）。這些步驟使課

程設計者系統地考慮情境的特殊內涵，並將其決定建立在較廣的文化和社會的脈絡之上。因此，教師在學校課程發展的過程中，一直扮演著「作決定」的課程發展者角色。

　　根據課程總綱綱要的規定，各校應成立「課程發展委員會」，其成員包括：學校行政人員代表、年級及學科教師代表、家長及社區代表等，必要時亦得聘請學者專家列席諮詢，於學期上課前整體規劃、設計教學主題與教學活動，由教師依其專長進行教學（教育部，1998）。因此學校應事先研擬「課程發展委員會設置辦法」，將其功能、組成人員產生方式、運作方式等方面，加以規定清楚，並制訂學校彈性教學節數之實施要點（吳清山，1999, 20）。特別是有關：

◇透過「課程發展委員會」審查全校各年級的課程計畫，以確保教育品質。

◇考量學校條件、社區特性、家長期望、學生需要等相關因素，結合全體教師和社區資源，發展學校本位課程，並審慎規劃全校總體課程方案和班級教學方案。

◇訂定學年課程實施計劃，其內容包括：「目標、每週教學進度、教材、教學活動設計、評量、教學資源」等課程實施相關項目。

◇建立學校課程報備制度，在課程實施前，學校應將整年度課程方案呈報主管機關備查。同時學校必須因應地區特性、學生特質與需求，選擇或自行發展合適的教科用書和教材，以及設計彈性教學時數所需的課程。

　　教師除應執行官方指定正式課程，以符合國家的課程要求之外，教師應因應學生興趣與特殊需要，善用非正式課程的彈

性空間，加以主動設計。可見，教師不僅是正式課程之轉化者，教師也是非正式課程的設計者，扮演學校課程發展者（蔡清田，1992, 138）。因此，學校課程發展具有相當大的空間，可能成為教師在學校的專業生活中的重要特色（高新建，1998）。

2. 依據教師專長，進行各學習領域課程設計，扮演教師專業角色

九年一貫課程改革，提倡學校本位課程發展，賦予教師發展課程的專業空間，由教師發展學校課程方案和班級教學計畫，教師不再只是教學者，更是「課程設計者」（陳伯璋、周麗玉、游家政，1998; 歐用生，1999b）。為促使學校本位課程發展具體實現，在課程總綱綱要中特別規定「彈性教學節數」，以及選修科目佔百分之十至三十，另外授課週數及年段之彈性調整亦有空間，這對教師教學的自主性確實有助益，亦能符合學區、學校或班級的特性與需要。

特別是由教師成立「學習領域課程設計小組」，進行七大學習領域的課程設計，統整相關學科知識，可以注重課程目標的繼續發展、課程邏輯順序與學生身心發展歷程、學習領域與學生生活經驗統整、社區需求與學校情境等特性，避免科目林立，知識支離破碎（林清江，1998; 教育部，1998; 陳伯璋，1999a）。教師可以在課程目標的引導之下，就概念、通則、技能與價值等課程組織要素，妥善安排課程教材組織，協助學生獲得認知、情意、技能的統整發展（Posner & Rudnitsky, 1997）。甚至，依據學習領域特性與學生身心發展階段，設計適性教育之課程，發展適應學生能力差異的分級教材教法，設

計另類變通的學習機會與活動經驗，進行加深加廣或補救教學，落實因材施教理想（林清江與蔡清田，1999）。

教室層次課程實施與教師專業發展

「課程實施」的意義是指教師將「事前經過規劃的課程」付諸實際教學行動的實踐歷程，換言之，課程實施是將書面課程（written curriculum）加以詮釋轉化並付諸行動實踐的歷程（Marsh & Willis, 1995, 205）。

關注教室層次的課程實施

九年一貫課程革新方案，開始於學者專家的「教育理想」與政府官方的課程總綱「書面計畫」，但是，只有當教師在教室情境中實際實施之後，課程的「教育理想」或「書面計畫」才能化為教師「運作的課程」與學生「經驗的課程」（Goodlad, 1979）。因此，「課程實施」就顯得十分重要，是邁向成功的課程改革的必要條件之一（黃政傑，1991, 399）。教師是落實課程改革的關鍵人物，如果沒有透過教室層面的教師進行課程實施，將無法達成教育改革願景。

過去的中小學必須根據課程標準的規定與國立編譯館統一編審的教科書內容進行教學，許多教師都是「照本宣科」，難以啟發學生興趣（吳清山，1999, 16）。九年一貫課程革新，乃藉由教師在教室實施課程之過程與結果，充實學生的學習經驗（林清江與蔡清田，1997）。根據課程總綱綱要的實施規定，教師可依據教學需要，從各種出版社編輯的不同版本當中選擇適當的教科書，甚至運用各種教育資源自編教材或參考資料，教師的課程教學自主性增加，而且課程內容方法來源更為充裕，

教師得依據學習領域性質及學生基本能力，採用適當之教學方法，甚至蒐集補充教材與教學資源單元，彈性應用變通方案，靈活進行課程實施，以達成教學目標。因此，就學校教室層面課程實施而言，教師可以是忠實的課程實施者，也可以是具有相互調適觀的課程實施者（黃政傑，1991），教師更可以是教室層次的課程設計者（蔡清田，1992, 136）。

透過增進教師落實教室層次課程實施的策略，協助進行教師專業發展

　　課程經過規劃與發展後，若沒有經過課程實施的實際行動，則無法落實課程之教育理念，更無法達到課程革新的預期成效。因此課程如果要對學生產生影響，必須透過課程實施付諸教育行動。如果沒有教師在教室情境落實課程理念，課程改革的理想便會落空（歐用生，1999b, 23）。因此新課程實施前必須提供教師研習，協助教師掌握新課程精神，提昇新課程實施的成效（陳伯璋，1995）。

　　1. 鼓勵教師參與九年一貫新課程之研習進修

　　成功的課程實施應加強結合學校教師之養成教育、教育實習及在職進修教育。特別是在正式實施新課程之前，教育主管機關應在寬裕的時間準備之下，辦理教師之在職進修，增進教師獲得實施新課程的必要知能，協助學校師生了解自己的角色，及新課程的內涵、方法與目標，落實教育改革的課程革新理念，促成教師專業成長（林清江與蔡清田，1999）。

　　因此，教育主管機關應寬籌教育經費，辦理教師在職進修，針對：（陳伯璋，1999a, 13）

◇九年一貫課程改革之理念與目標。

◇十項基本能力。

◇七大學習領域。

◇學校本位課程發展之內涵與方式。

◇合科統整與主題教學之課程設計精神與策略。

◇教學方法及評量之類別與實施技巧。

◇其他配套措施等等，辦理研習進修，促成教師專業發展。

2. 鼓勵教師進行教室層次的課程設計

就教室層次的課程設計而言，是指教師安排學習經驗以達成教育目標的計畫與策略，旨在設計一套系統以達成教育目標，課程設計包括：內容要素的選擇、組織安排的方法過程（蔡清田，1992; Walker, 1990）。教師最接近實際教學情境，不但瞭解學生發展，更站在教育前線，實際觀察體驗學生發展過程與需要，是課程設計的理想人選。而且課程是教師發展或設計出來的，教師對於該課程自然容易心領神會。因此，教師不但要進行全校性的課程發展，同時也要設計教室課程，包括：學習方案、選擇學習材料、規劃學習活動、評鑑學習經驗，以因應其教室情境的特殊需要。

適合教師的課程設計包括下列方法（黃政傑，1991, 523-534：Barnes, 1982）：

內容中心：其程序包括選擇內容項目、選擇學習活動、分析所要學習的概念、決定學習資料、畫出內容圖、安排活動和概念的學習順序、列出可用資源。

技能中心：其程序包括列出所需學習技能、分析每一技能

學習的先備條件、選擇技能、應用題材、安排示範和回饋、提供相關知識、設計綜合練習機會、列出所需資源。

問題中心：其程序包括選擇設計問題、分析解決問題的知識技能、選擇學習活動並安排順序、列出學習資源。

興趣中心：其程序包括選擇提供共同經驗、設計學習活動、提供各種活動所需的知識和技能、列出學習資源。

而且教師可根據不同學習領域，選擇不同設計方式；即使同一學習領域，不同的主題也可能選擇不同設計方式。並將構想形諸文字或透過適當媒介表達，可以讓學校教育更為多樣化，豐富學校生活，使學校更有吸引力，以適應學生興趣及專長，發展學生個性與潛能（黃政傑，1991, 347）。

3.鼓勵教師進行九年一貫新課程之行動研究

教師必須透過教學，才能將「課程」所蘊含的理念付諸實際教育行動。然而，教師不應該將「課程」視為一種由上而下的科層體制式行政命令或規定。「課程」不是一套預先決定的教學技巧，而是一種在特定的時間與空間範圍之內的教學行動說明與行動媒介，以引導教師教學與學生學習之進行（蔡清田，1997c）。

因此，從教學專業立場觀之，「課程」並不只是有關教育目的、教學原理與學習內容的說明，更是一種協助教師針對教育目的、教學原理、學習內容與實施策略的教育實踐行動，進行反省思考與討論對話的「行動研究方案」（action research programme）（Elliott, 1998, 39）。換言之，課程是一種鼓勵教師從事教學實踐的行動方案或研究假設（Stenhouse, 1975），提供教師進行「行動研究」的參考架構，鼓勵教師扮演行動研究者

（陳伯璋，1999c），根據教室教學的行動實務，考驗理論與構想，建立教師的專業判斷知能與專業信心（Stenhouse, 1983, 160）。

因此，有必要透過教師在職進修活動，鼓勵教師採取行動研究，作為課程實施的配套措施，因應學校文化、教室情境、師生不同特質而加以靈活彈性運用；鼓勵教師透過教學反省與團體討論，針對課程目標、教材大綱、教學指引、教師手冊、教科用書、及學習活動，進行探究規劃、反省檢討與再規劃實施，以創新教學內容與方法，裨益師生互動及提昇教學成效。

結語

九年一貫課程改革，透過國家課程改革與學校本位課程發展的結合，重視教師的課程設計角色，教師不僅是國家層面課程改革的執行者，更是學校課程發展者與教室課程設計者，特別是教師親自參與學校課程發展與課程設計，一方面不僅可以儘量避免教師因時間與空間的限制而錯誤解釋新課程的現象，另一方面更可進一步結合課程研究發展和實施，激發教師參與課程改革之動機和熱誠，使教師在參與課程發展過程中增加知識、提昇技能、改進教學行動與態度（黃政傑，1985, 159），加強教師的專業知能，促成教師專業發展。

參考書目

王文科（1997）。學校需要另一種補充的課程：發展學校本位
　　課。發表於「中日課程改革國際學術研討會」。1997年3月
　　22至23日。南投日月潭中信飯店。

行政院教育改革審議委員會（1996）。《教育改革總諮議報告
　　書》。台北：行政院教育改革審議委員會。

吳清山（1999）。推行「國民教育階段九年一貫課程」學校行
　　政配合之探究。《教育研究資訊》，7（1），14-21.

林清江（1996a）。《教育社會學》。台北：五南。

林清江（1996b）。教師在教育改革過程中所扮演的角色。載於
　　《國民教育學術演講集》（pp.271-280）。嘉義：國立嘉義師
　　範學院國民教育研究所。1996.4.25.

林清江（1998）。《國民教育九年一貫課程規劃專案報告》。立
　　法院教育委員會第三屆第六會期。台北：教育部。

林清江與蔡清田（1997）。《國民中小學課程發展共同原則》。
　　嘉義：中正大學教育學程中心。教育部國民教育司委託專
　　案。

林清江與蔡清田（1999）。國民教育階段學校課程發展之共同
　　原則。《師大校友》，295，4-10.

教育部（1998）。《國民教育階段課程總綱綱要》。台北：教育
　　部。

高新建（1998）。學校本位課程發展的立論基礎與理想情境。
　　台北市立師範學院，「八十七學年度教育學術研討會」。

黃光雄（1996）。《課程與教學》。台北：師大書苑。

黃光雄（1997）。教師教育學程的課程與教學。本文發表於

「師資培育多元化之理論與實際」國際研討會，1997年4月26日，台灣台中東海大學。

黃炳煌（1987）。《教育問題透視》。台北: 文景。

黃政傑（1985）。《課程改革》。台北：漢文。

黃政傑（1991）。《課程設計》。台北：東華。

黃政傑（1997）。《課程改革的理念與實踐》。台北：漢文。

陳伯璋（1995）。《學前至高中階段課程教材的主要問題》。台北：行政院教育改革審議委員會。

陳伯璋（1997）。《潛在課程研究》。台北：五南。

陳伯璋（1999a）。九年一貫新課程綱要修訂的背景及內涵。《教育研究資訊》，7（1），1-13。

陳伯璋（1999b）。九年一貫課程的理論及理念分析。本文發表於中華民國教材研究發展學會與國立台北師範學院主辦「九年一貫課程系列研討會」，1998年3月10日。台北。

陳伯璋（1999c）。從近年來課程改革談教師角色的定位。本文發表於國立中正大學八十七學年度地方教育輔導「國民教育革新與展望」研討會。教育部指導。國立中正大學教育學程中心主辦。1999年3月22日。嘉義民雄。

陳伯璋、周麗玉、游家政（1998）。《國民教育階段課程綱要草案：研訂構想》。作者：未出版。

楊益風（1999）。世紀末國民中小學的衝擊與新生。《教育研究資訊》，7（1），49-56.

歐用生（1996）。《教師專業成長》。台北：師大書苑。

歐用生（1999a）。從「課程統整」的概念評九年一貫課程。《教育研究資訊》，7（1），22-32。

歐用生（1999b）。九年一貫課程之「潛在課程」評析。本文發表於中華民國教材研究發展學會與國立台北師範學院主辦

「九年一貫課程系列研討會」，1998年3月10日。台北。

蔡清田（1992）。從課程革新的觀點論教師的專業角色，載於中華民國師範教育學會主編《教育專業》（pp.129-154）。台北：師大書苑。

蔡清田（1995）。教育歷程中之教師專業自律：「教師即研究者」對課程發展與教師專業成長之蘊義。本文發表於國立台灣師範大學主辦「教育改革：理論與實際國際學術研討會」。1995年3月14至16日。台北。

蔡清田（1997a）。由「以教師教學爲依據的課程發展」論「教師即研究者」對課程發展與教師專業成長的教育啓示，《公教資訊》，1（1），32-41。

蔡清田（1997b）。教育改革的革新觀點與策略，載於高雄市政府公教人力發展中心主編教育學術叢書2《教育改革》（pp.139-165）。高雄：高雄市政府公教人力發展中心。

蔡清田（1997 c）。以行動研究爲依據的教師在職進修與專業成長。載於中華民國師範教育學會主編《教育專業與師資培育》（1997年刊）（pp.129-154）.。台北:師大書苑。

英文部份

Barnes, D. (1982). *Practical Curriculum Study*. London : PKP.

Beane, J. A.(1998). *Curriculum Integration: Designing the Core of Democratic Education*. New York: Teachers College Press.

Beyer, L. E. & Apple, M. W. (1998). (eds.) *The Curriculum: Problems, Politics, and Possibilities*. Albany: Sunny.

Elliott, J. (1992). *Action Research for Educational Change*.

Milton Keynes: Open University Books.

Elliott, J. (1998). *The Curriculum Experiment: Meeting the Challenge of Social Change*. Buckingham: Open University Press.

Eggleston, J. (1979). School-based curriculum development in England and Wales. In OECD *School-based Curriculum Development* (pp. 75-105) Paris: OECD.

Fullan, M. (1992). *Successful School Improvement*. Milton Keynes: Open University Press.

Goodlad, J. I. (1979). The scope of curriculum field. In Goodlad, J. I. et al., *Curriculum Inquiry: the Study of Curriculum Practice*. N.Y. McGraw-Hill.

Hodkinson, P. & Harvard,G. (1994). *Action and Reflection in Teacher Education*. N.J.: Ablex Pub.

House, E. (1974). *The Politics of Educational Innovation*. Berkeley: McCutchan.

Marsh, C. (1992). *Key Concepts for Understanding Curriculum*. London: Falmer.

Marsh, C. & Willis, G. (1995). *Curriculum: Alternative Approaches, Ongoing Issues*. Englewood Cliffs, N. J.: Merrill.

Posner, G. J. (1998). Models of curriculum planning. In Beyer, L. E. & Apple, M. W. (eds.) *The Curriculum: Problems, Politics, and Possibilities*. Albany: Sunny.

Posner, G. J. & Rudnitsky, A. N. (1997). *Course Design: A Guide to Curriculum Development for Teachers* (5th ed). New York: Longman.

Skilbeck, M. (1984). *School-based Curriculum Development*.
London: Harper & Row.

Stenhouse, L. (1975). *An Introduction to Curriculum Research
and Development*. London: Heinemann.

Stenhouse, L. (1983). *Authority, Education and Emancipation*.
London: Heinemann.

Walker, D. F. (1990). *Fundamentals of Curriculum*. N.Y. :
Harcourt Brace Jovanovich.

第七章
從組織文化觀點
論九年一貫課程之學校改革

康自立　許世卿

前言

　　為因應廿一世紀新時代的來臨，教育部於民國八十七年九月三十日頒佈「國民教育階段九年一貫課程總綱綱要」，在綱要中研擬十項國民教育階段應培養的基本能力。為達成培養這十項國民所需的能力，本階段的課程設計強調以學生為主體，以生活經驗為重心，故將國小到國中的課程統整為：語文、數學、社會、自然與科技、藝術與人文、健康與體育，及綜合活動七大領域（教育部，民87）。綜觀此九年一貫課程之特色與精神包括：課程在縱向間的年級連貫、各學科間橫向的統整、強調學校本位的課程設計。這項歷史性的課程改革在執行上賦予學校相當多的彈性，故學校如何超越科層體制的被動概念，靈活運用各項資源，主動積極地塑造改革契機，將是實行本項課程的關鍵要素。

　　就組織理論的觀點而言，學校是一個具生態層面的組織體，它是在適應環境的歷程中生長、發展的。若再依系統理論的說法，學校乃是教育系統中的次級系統，在一個開放的社會裡，學校會隨著外在教育環境的變遷而變遷，而且彼此相互激盪、互為影響。故在課程革新的教育改革過程中，學校自然也須調整其做法以適應環境，達到生長、發展的目的，期能同時達成組織成員目標，及整體組織效能的目標。而組織變革的三個向度分別是結構、技術、人員（Robbins, 1994）。當技術（例如，教學方法、流程、教材等）有其變革需求時，人員（態度、期望、感受等）與結構（組織的制度、協調機制等）均須有相對應的變革配合才能克盡其功。

　　廣義的學校是由校長、教師、職員、學生、學生家長及畢

業校友所組成，學校組織內的成員在不同的知識背景、態度與價值觀之下，彼此交互影響，並形成共有的信念，反應在組織運作上，這就是學校文化的概念。一般而言，組織的文化決定組織成員如何行事，故文化可以說是組織思想的核心，組織可透過文化來影響其成員，組織的活動受到組織文化的導引，這些影響有時甚至比正式的權力、法規條文的影響還大，故在探討學校組織變革時，有關學校組織文化的影響，已是當代備受注目的焦點（Beach, 1993; Owens, 1991）。為達成時代的變遷所賦予的教育改革使命，本文擬從文化塑造的觀點，來說明學校如何達到九年一貫課程的教育效能。

組織文化及其在學校組織之意涵

組織文化的定義

每一個組織本身都存在有其特質，此種組織所具有的特質，即是組織文化（Robbins, 1994）。而所謂的文化是指一種感受，這感受是存在組織之內，而非個人之中，因此組織內不同的成員對組織文化會有相同的描述辭彙（即共同的感受），且這是描述而非評論，因此與其好惡無關。關於組織文化的定義頗多，如組織所採納的主要價值觀（Deal and Kennedy, 1982）。引導組織對待成員及客戶的政策哲學（Pascle and Athos, 1981）。「組織內相處的遊戲規則，新進人員需學習此規則，以成為被團體接受的成員。」（Ritte & Funkhouser, 1982）

不過以Schein的說法較為完整，Schein（1985）將組織文化界定為：「是組織在解決自身的外在適應和內在整合問題時，所學會的共有基本假設，由於文化的有效運作，故在遇到相關問題時，會將其當成正確的認知、思考及感覺的方式，教導給新的成員。」因此文化是可以學習的，包含對新經驗的學習，並伴隨對學習過程的動態了解而改變（Schein, 1985）。而學校文化即是指由組成學校的成員所共同分享的一組關係、信念、價值、感覺；行政等管理人員、教師、職員、家長、校友、學生，及其餘有關人員共同創造了學校的意義（Henry, 1993）。基於這樣的概念，如果進一步分析其層次，可對文化的內容有更清楚的瞭解。

組織文化的層次

Schein（1985）分析文化的層次，包括人為產物及創造物、價值觀、基本假設三層。如圖7-1所示：

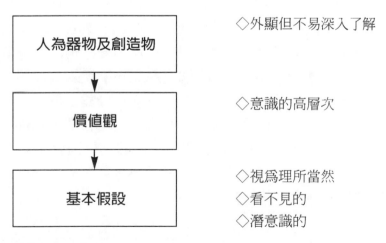

圖7-1 Schein的組織文化層次

人為器物或創造物，是文化中最易觀察的部份，例如，建築物、科技產品、語言，及組織成員的衣著、行為等。價值觀，是指當團體面對新的任務或問題時，第一個用來處理它的方法，不管其事實如何，均有其價值存在，且在其成功的解決問題之後，會轉變成一種信念。當一組價值觀具體化成為一種意識或哲學時，便成為團體成員處理不確定及困難事件的指導方針，及可預測的行為。基本假設，是文化單位內最少變化的部份，當基本假設深入團體時，成員的行為則依此前提行動。但通常此種假設較難以掌握，需要與組織的人為器物及價值觀交互影響，經過相當時間後，被成員認為理所當然的準則之後，受其支配而不自知。例如，我們將企業界定為營利事業，一般公共事業如電力公司、自來水公司界定為半營利事業，而學校是教育單位為非營利事業。

　　另外，Ott（1989）將文化分為四個層次：人為器物、行為模式、價值觀、基本假設。在這其中是將Schein的人為產物與創造物再區分出行為模式，例如，習慣、規範、儀式、典禮等。Hofstede（1991）則將文化區分為象徵、英雄、儀式、價值觀等四個層次。且其中的象徵、英雄、儀式三項又合稱為實務層次，是指可以為組織以外的人所察覺，但是其意涵卻是組織內的人才能解釋的。這類似於Schein所說的人為器物與創造物的層次。而Rousseau（1990）將文化分為五個層次：人為器物、行為模式、行為規範、價值觀、基本假設。Rousseau的文化層次分類，是在Ott價值觀層次之前，再區分出行為規範，這是指組織所允許或禁止的某些行為，且其成員間彼此都有這些共同的信念。如圖7-2所示：

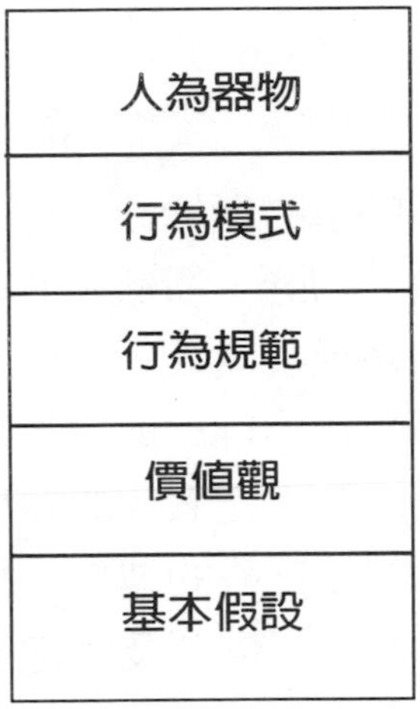

```
┌─────────────────┐
│     人為器物     │
├─────────────────┤
│     行為模式     │
├─────────────────┤
│     行為規範     │
├─────────────────┤
│     價值觀      │
├─────────────────┤
│     基本假設     │
└─────────────────┘
```

圖7-2 Rousseau的組織文化階層

　　組織文化的層次觀念應用到學校時，林清江（民84）將學校分為三個層面：物質文化、制度文化、心理－行為（心理價值）文化。其中物質文化是指學校的建築、設備、圖書館、景觀及環校環境所形成的一連串事物。學校的典章制度是屬於制度文化，學校內各組成份子的價值行為則是心理－行為文化的層面。Henery（1993）則認為欲分析學校文化理論時，可從五個互相連接的向度著手，分別是：

1.學校的歷史與社會背景。
2.學校的故事、傳說，及哲學。
3.學校的課程與評鑑學習績效的方法。
4.學校的儀式。
5.時間、空間，及社會關係等學校的生態背景。

　　因為學校文化會影響學校的效能，因此，在探討學校如何面對變革時，須從各個文化面向著手方能克盡全功。

組織文化的影響力

組織文化是由許多有形或無形的事物所構成,例如,人工器物與行為模式、行為規範、概念、信念、價值觀、基本假定等。其存於組織活動之中,提供組織成員意義、方向並使其得以運作。就組織文化的觀點而言,組織的行為與決策是由組織成員依其基本假定的類型而預先決定的。這假定的類型是持續存在且影響著組織行為,而使組織如往常般的運作。故組織成員的個人偏好是受到文化的規範、價值、信仰及假定所控制的(Shafritz & Ott, 1992)。

至於組織文化對效能的影響,可以從組織內的主要價值觀與信念被深刻且廣泛地接受程度而定,其影響力可以分為三個向度:第一是指文化的方向性,是指文化影響組織運作方向的正確程度;第二是文化的滲透性,是指文化被組織成員所共有的程度;第三是文化的強度,是指組織成員對文化信守的程度(Kilman et al, 1985)。文化有較大的影響力就是指其具有廣泛的滲透性與較深遠的影響強度,亦即所謂的強勢文化。此時成員目標的一致性、成員具有共同的價值觀,因此組織成員會滿意於其所做的事,而更能投入工作。如一個組織的文化方向正確,但並不能廣為成員共有或信守時,則是所謂的弱勢文化,其影響力相當薄弱。

總之,組織文化具有指導成員、社會化新成員、提昇成員工作意義、提昇組織效能等功能(張德銳,民84)。而欲達到有效能的學校教育目標,須塑造強勢的校園組織文化來加以引導。

組織變革與九年一貫課程之學校發展

　　組織變革，是指一個組織為了在大環境中求生存，必須因應內、外在環境的改變，而進行局部或整體調整的歷程。依變革理論之父Lewin（1951）所提出的場地論（force field），認為組織環境有兩種相抗衡的力量：驅策力（driving force）與抑制力（restraining force）。前者例如，政府的介入、社會價值觀、技術的變遷、知識的爆增、行政的程序等；後者例如，無知的恐懼、權勢的威脅、過時的知識技能、傳統的價值觀、有限的資源等。當這兩種力量相當時，組織處於平衡的穩定狀態；而當驅策力大於抑制力時，變革即產生。Lewin將變革概念化為三部曲：解凍目前的狀態（降低抑制力、增加驅策力）、改變、再結凍以穩定新的狀態（增加抑制力、降低驅策力）。故其過程通常是由一個「穩定的狀態」，轉變成「不穩定的狀態」，再轉為「穩定的狀態」的過程（吳清山、林天佑，民86）。而組織變革的向度可分為結構、技術、人員三種（Robbins, 1994）。所謂技術向度，是指將輸入轉變為產出的技術，例如，一些新的設備、工具或方法；在學校組織中，例如，課程教材、教學方法、輔導、空間設備等。而人員向度是員工的期望、感受，與行為態度等；在學校組織中，期望教師能具有關懷心、參與情、創新性，和終生學習等的特質、理念、能力，均是人員的改變。至於結構向度，包括：組織的權力關係、協調機制、工作重新設計、職責制度等；在學校組織中，例如，教務、人事、會計等行政協調機制、授權程度、工作設計等。

　　以上三種，在教育改革的工作上，人員（教師）的部份尤

其是成功的關鍵（林清江，民88）。因為在改變的過程中，組織中的成員可能建構出反對改變現狀的慣性。通常成員抗拒改變的理由有三（Robbins, 1994）：

1.不確定性。
2.對個人損失的關心。
3.認為改變對組織本身沒有什麼好處。

所謂不確定性，是因為改變可能使得已知的、可掌握的事物，變成不確定的、模糊的。而成員對個人損失的關心，在於習慣傳統課程與教學方法的教師，當面對新方法時，可能認為他們無法做到，故對新的方法故意不合作。通常是對於現存狀況投入愈多的人，因為認為自己的利益，例如，權力、私人方便等可能失去，愈可能不接受改變。因此資深教師常較資淺教師容易抗拒改變。

Resnick（1993）認為成員彼此間的「信任」氣氛是影響變革管理的最重要因素，並歸納出改善變革效能的六點概念如下：

1.對成員所提出的變革建議採取開放的態度。
2.有足夠的時間，讓成員消化及領受變革的細節。
3.提供充分機會，讓成員能以小團體的模式來討論、批判，及修正組織變革方案。
4.儘早在組織變革的計劃階段，即提供成員參與的機會。而非成定局後。
5.儘可能與成員分享檯面下的變革提案議程。
6.公開並說明所有可能的資源。

Robbins（1994）則針對減少成員抗拒，提出六種可能的方式：教育與溝通、參與、準備與支持、協商、操縱與共榮、強迫。其中後三種方式缺乏互信，後遺症太大，並不適合在學校中運用。Zaltman and Duncan（1977）則提出四項使用在目標團體的策略：權力、說服、重新教育、協助。權力是指使用正式的職權來控制目標團體，迫使成員依照管理者的計畫來改變。然而在民主社會的公共教育領域，並不適合不專業、不道德的權力策略，除非是學生處於受到嚴重傷害的緊急狀況（Glickman et al., 1995）。Harris（1989）對課程變革的建議是：

1. 釐清職權。
2. 邀請有影響力的當事者，參與設定目標、選擇與評鑑教職員。
3. 確認教師之角色與職權。
4. 變革策略與衝突解決之訓練。
5. 提供受衝擊的當事人必要之支持。

綜合上述可知，九年一貫課程學校改革過程中，處理組織中人員的策略，可以是：

平衡權力
釐清教師及各單位的的角色與職權，並且使管理者與組織成員之間的權力平衡。

教育與溝通
學校需提供資訊給教師，並以民主方式充分溝通。而行政當局與教師之間必須充分互信，因此學校需塑造理性溝通的氣氛。

讓教師參與決策

假設參與者有足夠的知識，則可提供有意義的貢獻。況且由於參與決策，也可減低抗拒，獲得支持，並增加改變決策的品質。Resnick（1993）也認為若成員有較多的機會，提出他們期望中的改革內容；且如果參與者所提意見具有效用與創新性，而獲得採納，則更可能摒除抗拒變革的立場。

準備與支持

提供一系列的支援措施，例如，新能力的培訓、相關資源的提供，並且給予充份的時間。

九年一貫課程的實施，強調學校本位的課程設計，不再統一由中央訂定課程標準，而是採用課程綱要，只在綱要裏提示學校的教育目標、核心能力、核心表現的標準，至於要選擇什麼樣的教材、用什麼樣的教學方法，來達到能力標準，完全授權給授課的教師。而各學習領域除必修課程外，得依學生性向、社區需求及學校發展特色，彈性提供選修課程。尤其是七大領域裏的社會與綜合活動兩大領域，更須結合當地社區狀況，發展各校特色。故以往的學校及教師，只要扮演課程執行者的角色，將來則須兼具課程設計、發展的任務。此外，九年一貫課程採取合科教學，改變以往學科本位的教學方式，對教師、學校行政人員、學生家長、社區人士都是新的挑戰。因此新的課程制度，不僅在課程設計與教學實施上均賦予學校相當多的揮灑空間，也對學校與教師委以更大的責任及更多的期許。而領導者須能誘導成員，為新的方案建立一支持的共同體，故必須去除成員們的恐懼、憂慮、生疏，及其他可能影響接受變革的因素。

實施九年一貫課程之學校組織因應策略

關於學校課程變革的程序分類，McNeil（1990）認為其過程從簡單到複雜分別是：

1. 替代：例如，教師更換教科書。
2. 變更：規劃新的教材內容。
3. 打亂：中斷原先方案，再將導入另一方案。
4. 重組：改變學校系統，建立新的教學角色（例如，團隊教學、協同教學等）。
5. 改變價值定位：變更參與者的課程理念。

McNeil並認為如果教師不調整其價值觀，則課程變革將無法持續。九年一貫課程的實施，對學校而言，不只是課程的替代，而是課程價值的定位。雖然只是課程與教法的一項變革，但其對學校的衝擊，卻是全面性的。因此學校組織也須有全方位之因應策略，從時間上或許可以有階段之分，且各階段應有其組織與行政上之配合措施。但長遠來說，全方位的學校文化塑造，分別從價值理念、制度措施、硬體設備等全方面的改變，將更是達成課程改革的永續作法。

塑造學校文化以落實九年一貫課程之改革

為達成九年一貫課程改革的成效，學校方面需要有計劃，並長時間來經營，尤其是當台灣的中小學教育，過去幾十年來在中央集權下的科層機制運作下，一直是被批評為僵化、呆板。教師已習慣於扮演知識的傳承者，而非開創者；是公共事

務的奉命行事者，而非決策參與者。因此，欲對過去社會大環境及個別學校因素等所造成的傳統價值觀，施予變革，實非易事。然而，這幾年來教育改革已是潮流之所趨，如今之社會環境與以往已有很大改變，不管是國民教育法令於今年元月重新修訂，或未來高中（職）與五專聯招的廢除等，學校若能配合外在環境的變遷，掌握有利的變化契機，透過校園文化的塑造，其成就雖然較為緩慢，但卻是紮實且穩固。

一個組織的文化乃是由相當穩定與持久的特質所組成，文化需要長久的時間來形成，而一旦建立之後，便形成一種防衛力量，抗拒改變。九年一貫課程的實施，學校可以從文化分析著手，先對校園文化做審查。各學校均有其長久之文化傳統，這些傳統可能是充滿人文關懷或本位主義的不同文化成份，也可能是獨特或從眾的校園文化、卓越或平庸的校園文化、前瞻或傳統的校園文化、創新或守成的校園文化、動態或靜態的校園文化（林清江，民84）。故須對現存文化與所欲塑造的文化做比較評估其差距，列出文化中急需改變的成份，再擬定變革計劃，推動組織的改革。做法上可參照文化層次分述如下：

基本假設的層次

此是學校文化的最深層，代表學校過去長久以來的發展信念，是潛意識地存在於全校教職員工、學生、家長及校友等相關成員之中，有時會不經意地流露出而不自知，此信念很難由表面察覺。雖然如此，但此種信念卻是引導成員一切思維、邏輯、作為的泉源。為此，校長扮演了主要的角色，因為校長的領導風格，影響學校發展極為深遠（吳清山，民82）。做為學校之領導者，校長須確立學校的教學理念，並持續地向成員宣示九年一貫新課程的改革理念，旨在因應時代變遷，培養具備

人本情懷、統整能力、民主素養、鄉土與國際意識，以及能終生學習的健全國民（教育部，民87）。因為未來二十一世紀的新時代裏，科學與技術的快速發展，不僅是資訊爆炸、社會變遷快速，而且是國際關係與互動益加緊密的時代。國民義務教育是一般知識素養的養成，是共同、普遍且生活化的必備知識之學習，而非學科專業、精英教育式的學習，期能使絕大部份的學生均能了解大部份的教學內容，並能開展學生的潛能。因此國民教育之課程，應由學科中心轉變為生活經驗中心；由知識中心轉變為基本能力。而組織領導者須讓此課程理念深入人心，以建立共識，引導成員共同為教育理想奮鬥。

價值觀層次

就九年一貫課程的精神而言，是強調知識的統整及發展學校本位課程，並希望在學校教學上，能打破學習領域界限，彈性調整授課時數，實施大單元或統整主題式的教學，儘量將課程之學習，落實到生活層面，因此教師的主動參與，便成為教改成功關鍵（林清江，民87）。如此一來，如何改變教師的心智模式，使其願意接受新的課程理念，則有關當局除了提供教師充實新課程的教學技能之外；學校亦應塑造一個支持創新、容忍挫折的組織環境。學校校長及行政主管由此理念的確立，再依此形成判斷學校運作的準則，據此嘉勉表現傑出的師生，並將學校教育上的光榮事蹟記錄成冊，亦即改變選拔過程，並設置獎賞的回饋系統，以支持實行此理念的老師、職員、學生。Knowles（1980）認為一個支持創新的組織文化包括下列特質：

1.強調成員自我導向學習，尊重個體差異。
2.強調信任、平等、開放與合作的人際關係。

3.強調溝通、尊重決策參與。

4.強調創新、改革、學習與成長的環境適應法則。

　　總之，學校行政主管須對課程革新方案有充份的信心與決心，並在教師之考核與師資遴聘時，須能秉持此一支持創新的價值觀。

行為規範層次

　　九年一貫課程的實施，學校必須考量學校條件，社區特性、家長期望、學生需要等相關因素，結合全體教師和社區資源，發展學校本位課程，選擇或自行編輯合適的教科書及課程教材，其中包括全校總體課程方案和班級教學方案。因此學校須組織「課程委員會」審查全校各年級的課程計劃，成員可包括：學校行政人員代表、年級與學科教師代表、家長與社區代表，或聘請學者專家列席諮詢。實施之初可事先做好教師之專長及興趣調查，再與課程需求相比對，規劃教師之進修或訓練計劃。另外，各校亦宜及早成立各學習領域之課程小組，規劃各領域之學習內涵及評量方式，必要時得修訂成績考查辦法。

　　除了避免學校行政組織因過於分化，而形成本位主義的文化，故須加強單位之間溝通協調機制的建立。組織領導者須營造開放的學校氣氛，增加成員間的互信基礎，並擴大教職員參與決策的機會，以增進成員之向心力。檢討並修訂校內各項法規制度，包括：教務、訓導、總務規章，例如，導師制度的改進，行政支援教學的辦法等，以及調整學校之組織規章，訂定各種規範，以激勵成員努力，務使學校之規範明確，並肯定成員教學、研究、服務的價值。此外，教師在職進修與專業發展計畫的擬定，也須有妥適的規劃。配合國民教育法的修改，未來中、小學校長之遴選與任用採任期制，學校成立校務會議，

且將成為學校的最高權力機關，往後的學校的決策與重要的教育計畫，將由全體教師共同參與擬定。因此如何提昇教師的能力，學校需有妥善的制度規劃及執行方案。而九年一貫課程之實施，學校本位課程的發展，涉及課程規劃與教學方法的改進，為學校教學視導之核心，本文將在下節中探討。

行為模式層次

九年一貫課程，強調課程的統整，而課程統整的概念，對學校的課程設計，包含下列意義：是師生共享課程決策，知識的主題是由師生決定，並且是共同經營班級和教學；同時包括學生家長和社區人士的共同參與和關心，以實施有挑戰性、有活力的精緻教學（歐用生，民88）。因此，學校可利用機會舉辦新課程說明會，或教學觀摩會，乃至課程與教學之學術研討會，彼此交換經驗。此外，任何典禮儀式的背後都隱含著價值觀，故須善用各種的儀式、集會、典禮，傳達新的觀念。像是校慶、畢業典禮等重大慶典活動，學校均可在活動的舉辦中，宣揚所欲傳達的理念與期望，並傳達全體成員有關學校的共同願景，以激勵全體成員，追求成就動機。

人為器物

舉凡校園內之環境、及一切可看見的東西，從個人飾物徽章之製作，至班級教室之佈置，至硬體建築，均可加以佈置改善，使教學活潑化，例如，數學學習步道之設置等（劉美娥，民86）。另外為了增進家長與社區人士對學校新課程的認識，也可印製新課程課程的說明文宣、家長手冊等。而學校內的教學支援設備，例如，圖書、視聽器材、教學媒體製作之器材、資訊設備等、亦可規劃添購。至於校區整體規劃，塑造高格調的校園環境，依照學生的特質、需求，而考量校區的空間規

劃，並能結合地方特色、社區需求，儘量營造多元化、多樣性的教育環境，讓學生有更大的學習彈性空間，以增進其學習效能。

當然，教育的改革需要全校師生的一致參與，以及充分的溝通說明，組織成員並不會輕易地放棄他們所熟悉的價值觀念。因此在過程中必須很有耐心，一步一步地慢慢來，期能塑造出獨特、卓越、有前瞻性、積極追求創新，及動態化的校園文化。

學校本位課程之因應策略

在科技如此發達的時代，社會變遷如此迅速，學習個體的價值觀與特質也不斷地改變，因此學校課程必須根據地區特性隨時更新。課程革新的過程是一個發展的歷程，包括以下七個階段（康自立，民76）：

1.進行需要性評估。
2.促使參與者對革新的認知。
3.對革新方案的示範與實地試測。
4.對新課程計劃全校性的實施。
5.實施革新方案。
6.在學校裏實施課程之過程評估。
7.修正、改進並使方案繼續全面推廣。

誠如前一節所分析的，學校在課程方面的改變，尚需在人員與結構等方面的配合。九年一貫課程，強調學校本位的課程及合科的教學，對教師及學校行政而言，是很大的改變。有關

學校本位課程的實施問題與發展，國內已有許多學者論及（李錫津，民87；張嘉育，民87；林秀容，民87）。本文則另從教師的層面思考，提出：

1.教師參與課程發展的態度與能力。
2.實行以學校爲中心的行動研究。
3.教師之授權，三項重要之關鍵要素加以探討。

在教師參與課程發展的態度與能力方面，依照Glickman et al（1995）的研究，教師自我發展的層次分爲緊張、順從、獨立自主三個階段。位於緊張階段的低自我發展層次教師，往往將自己的角色定位爲資訊傳播者。愈高的自我發展層次的教師，愈能指導學生如何學習，因此愈能積極參與學校課程的發展。此外，如果將教師在課程發展的表現上分爲模仿與維持、調整、創造生產三個層次（Tanner and Tanner, 1980），則模仿與維持層次的教師，只是跟隨、維持現有的課程，視教師的角色定位爲資訊傳播者；教師在課程發展的調整階層，會整合課程內容、觀察現存課程的缺失，再利用資源，尋求必要的修改、調整；創造生產階層的教師，對課程發展有整合的取向，會衡量學習者與社會的情境，來改善課程。成功的學校本位課程發展，其實行策略須配合教師的自我發展層次，並以漸進的方式，提高教師的自我發展層次，及課程發展的層次。以上所述，皆需要有妥善的教學視導規劃及執行策略。

另一項成功的學校本位課程發展要素，是發展以學校爲中心的行動研究。行動研究的價值，在於從事研究的人也是實際的工作者，然後再將研究發現應用於實際的工作改善。因此，學校本位的課程發展，應由學校教育人員來引導，再將研究結

果，直接應用於教學改進的活動中，其重心在於有關課程與教學的改善，這不只是教師具有教育上行動研究的能力，也牽涉到學校相關行政措施的配合，以及整個模式如何組織、運作。

最後，欲達成學校本位課程的改革效能，則學校行政當局需對教師的充份授權，也是重要的關鍵。其主題包括教師分享領導、教師分享決策、教師評估知識基礎等（Malenyzer，1990）。Glickman et al（1995）認為欲產生、培養需求改變的文化，其關鍵是授權給組成文化的個人。因為授權給個人與團體，才較可能發展出信念、價值觀、規範及符合改變的假設。

結語

課程發展的目的是求改變，使學生能達到教育的目標，而實施是課程發展的必要步驟，以便產生真實預期的變革，故課程活動就是一種變革活動（Ornstein & Hunkins, 1993）。教育改革可透過組織發展來達成，組織發展代表計劃性的變革，而非隨機變革，更不是為變革而變革，而是經過各種可行方案之深思熟慮的結果。若能透過學校文化的全面性塑造與改變，從人們尋求面對自己的價值觀，到整體的制度規範、行為模式，及人為器物之改變，組織可持續、成功地適應新的方案。

總括以上之論述，為保證課程改革能成功，本文歸納下列幾點看法：

1. 校長扮演了主要角色，因其所秉持之理念能決定組織氣候與提供變革所需的支援。
2. 價值觀與態度的調整，是課程改革得以持續的關鍵要

素。

3. 行政主管須對革新方案有充份的信心與決心，因為主管的信心會影響到被領導的人。

4. 明確訂定制度規章，提供參與者支持性資源，以激勵成員。

5. 對參與者有足夠的宣導與溝通。

6. 教師的自主權與安全感不受到侵犯。

7. 提供決策的充分參與。

8. 應用群體決策模式，而非個人獨斷模式。

9. 使參與者能獲得被接受、支持、信任的經驗。

10. 課程革新方案具有開放、彈性與可修正的特性。

11. 充份了解學校的生態環境，並廣泛運用周圍環境的資源。

12. 妥善結合家長、校友，與社區的人士等各方資源。

參考書目

中文部份

李錫津（民87）。新世紀學校本位之課程實施。載於《學校本位課程與教學創新》，中華民國課程與教學學會主編。1-22。

林清江（民84）。如何建立優良的校園文化，載於《教育理念與發展》。台北：五南圖書出版社。

林清江（民88）。與教師在一起進行教育改革。《教育資料與研究》，26，2-3。

林秀容（民87）。淺談學校本位課程與教學。中華民國課程與教學學會主編。載於《學校本位課程與教學創新》，49-60。

吳清山、林天佑（民86）。組織變革。《教育資料與研究》。18，62。

吳清山（民82）。《學校行政》。台北：心理出版社。

教育部（民87）。《國民教育階段九年一貫課程總綱綱要》。World Wide Web教育部網站。Available：〔Online〕//www.moe.gov.tw/primary/rules/1-13.html（民87.12.22）

康自立（民76）。學校如何適應課程革新。載於教育部，《工職教育改進計畫專輯》。67-72。

張德銳（民84）。《教育行政研究》。台北：五南圖書公司。

張嘉育（民87）。認識學校本位課程發展。中華民國課程與教學學會主編。載於《學校本位課程與教學創新》，23-47。

歐用生（民88）。從「課程統整」的概念評九年一貫課程。《教育研究資訊雙月刊》，7（1），22-32。

劉美娥（民86）。學校如何進行教育改革。載於黃政傑主編：《飛向教改的天空》，22-24。台北：漢文書局。。

英文部份

Beach J. W. (1993). *Making the Right Decision: Organizational Culture, Vision, and Planning*. New York: Eglehouse.

Deal & Kenndy (1982). *Corporate Cultures*. Reading, MA: Addison-Wesley Publishing.

Hofstede, G. (1991). *Cultures and Organizations: Software of the Mind*. London: McGraw-Hill.

Henry, M. E. (1993). *School Cultures：Universes of Meaning in Private Schools*. New Jersey：Ablex Publishing Corporation.

Glickman, C. D., Gordon, S. P., & Ross-Gordon, J. M. (1995). *Supervision of Instruction : a Developmental Approach* . Boston : Allyn and Bacon.

Harris, B. M. (1989) *Inservice Education for Staff Development* . Needham Heights, Mass : Allyn and Bacon.

Kilman, R. H., Saxton, M. J., & Serpa, R. (Eds.). (1985). *Gaining Control of the Coporate Culture*. San Francisco:Jossey-Bass.

Knowles, M. S. (1980). *The Modern Practice of Adult Education : from Pedagogy to Andagogy*, New York : Cambridge Book Company.

Lewin, K. (1951). *Field Theory in Social Sciences*. New York: Harper & Row.

Malenyzer, B. J. (1990). Teacher empowerment: the discourse, and social actions of teachers. *Annual Conference of States on Inservice Education*, Orlando, November. (ERIC Document ED 327496)

McNeil, J. D.,(1990). *Curriculum: a Comprehensive Introduction*. Glenview, Ill.: Scott, Foresman.

Ornstein, A. C. & Hunkins, F. P. (1993). *Curriculm Foundation, Principles and Issues*, 2nd ed. Allyn and Bacon. U. S.

Owens (1991). *Organization Behavior in Education*. Englewood Cliff: Prentice-Hall, Inc.

Qtt, J. S. (1989). *The Organanizational Cultrue Perspective*.

Pacific Grove, CA:Broos/cole.

Pascale & Athos (1981). *The Art of Japanese Management*. New York: Simon & Schuster.

Pitti & Funkhouser (1982). *The Ropes to Skip and the Ropes to Know*. Columbus, H:Grid.

Resnick, H. (1993). Managing organizational change: A primer for consultant and managers. In Golembiewski, R. T. (Eds) *Handbook of Organizational Consultation* , pp621-626. New York : Marcel Dekker, Inc.

Robbins, S. P. (1994). *Management* 4th ed, New Jersey : Prentice-Hall ,Inc.

Rousseau, D. M. (1990). Normative beliefs in fund-raising organizations:Linking cultrue to organizational performance and indiridual responses. *Group and Organization Studies*, 15(4),448-460.

Schein (1985). *Organization Culture and Leadership*. San Francisco, Calif:Jossey-Bass.1-22.

Shafritz. J. M. & Ott J.s. (1992). *Classics of Organization Theory*. Pacific Grove, California : Brooks/Cole Publishing Company.

Zaltman, G., and Duncan, R. (1977). *Strategies for Planned Change*. New York: Wiley.

Tanner , D. and Tanner, L. W. (1980). *Curriculm Development: Theory into Practice*, 2nd ed. New York: Macmillan.

第八章
融入環境教育於九年一貫課程的教學設計與教材發展

張子超

前言

　　教育部計畫於九十學年度實施九年一貫課程，對現行的學校教學與課程的內涵，有重大的影響。例如，原來的學科會合併成七個學習領域，而教學時數也會重新分配，此外，也融入一些新的重要議題，例如，環境教育、資訊教育、人權教育、兩性教育與生涯規劃。

　　環境教育的融入是此次課程改革的一個重大特色：就教學的內涵而言，環境保護議題是最近國內外所關注的焦點，而且呼籲學校教學能作適度回應，九年一貫課程中保留環境教育融入的空間與彈性，正可以表現此課程的國際觀與現代性；對學生的認知學習而言，環境教育除了具獨特的概念架構，更具跨科際連結的知識體系，擁有一個整體性與豐富性的內涵；對學生的情意學習而言，藉由對環境的關心，關懷社會中的弱勢族群與自然環境中的弱勢物種，進而整個地球環境生態，可成全高尚的人格情操；對學生的行為學習而言，環境教育重視日常生活中具體呈現的現象或問題，經由生活中議題的探討與解決，達成生活能力的落實與實踐；最後對學校與教師而言，環境教育為新興的領域，其內涵概念仍持續發展，需要學校與教師主動關切與合作學習，因而藉由科際整合與教學自主，提昇教育體制內的活力。

　　本文將依序探討環境教育的理念、目標及能力內涵與九年一貫課程的相關性，可融入的環境教育內涵，以及研擬融入環境教育的教學設計與教材發展模式。

環境教育的理念與九年一貫課程

從一九七二年人類環境會議（United Nations Conference on the Human Environment）起，經過多次的國際環境教育會議，逐漸建立其理念與架構，歸納多位國際性環境教育學者的共識，認為環境教育課程必須包含幾個理念：整個教育理念的中心是以學生為中心，配合學生認知與情意的發展；而環境教育的範疇必須有整體性的考量，要考慮到自然的、人造的、科技的和社會的環境（涵蓋經濟的、政治的、文化的、倫理的與藝術的層面）；就其廣度而言，則要具有宇宙觀，不應只侷限在地球的生態環境，而要有更廣大的視野；至於其深度就必須呈現對未來的關懷，除了考慮這一代人類的生存外，更要考慮未來世世代代人類的生存問題；課程內涵、教學方式與學習型態則要兼顧議題導向、行動導向、持續發展性、科際整合與協調與經驗導向等要項。

由貝爾格勒憲章（Belgrade Charter, 1975）所宣示的環境教育計畫指導原則，清楚地指出環境教育的理念包含：整體性、終身教育、科際整合、主動參與解決問題、世界觀與鄉土觀的均衡、永續發展與國際合作。

環境教育計畫指導原則（Guiding Principles of Environmental Education Programs）：

> 環境教育必須考慮環境的整體性，含自然的和人造的、
> 生態的、政治的、經濟的、技術的。
> 環境教育是終生的過程，從學校到校外。
> 環境教育應採取科際整合的方式。

環境教育應強調主動參與阻止及解決環境問題。

環境教育應從世界觀點檢視主要環境問題，並關切地區的差異性。

環境教育應重視現在及將來的環境情勢。

環境教育應從環境觀點檢視所有的發展與成長。

環境教育應促使地方的、國內的和國際的合作，解決問題的價值和需要。

貝爾格勒憲章（Belgrad Charter, 1975）

至於研擬中的九年一貫課程改革之基本理念，則包括人本情懷、統整能力、民主素養、鄉土與國際意識與終身學習等五個方面：

一、人本情懷方面：包括自我了解與自尊、尊重與欣賞他人及文化等。

二、統整能力方面：包括理性與感性之調和、知與行合一，人文與科技之整合。

三、民主素養方面：包括自我表達、獨立思考、與人溝通、包容異己、團隊合作、社會服務、負責守法等。

四、鄉土與國際意識方面：包括鄉土情、愛國心、世界觀等（涵蓋文化與生態）。

五、終身學習方面：包括主動探究、解決問題、資訊與世界語言之運用等。

國民教育九年一貫課程綱要

環境教育的理念與這五項基本理念幾乎是一致的；以人本

情懷而言，環境教育藉由人與環境之間關係的思考，瞭解自我的定位，因而除了自我了解與自尊外，也能尊重與欣賞他人及文化、進而關懷其他生物及整個生態系；至於統整能力，環境教育也強調理性與感性之調和、知與行合一，人文與科技之整合；在民主素養方面，除了對個人及群體負責任的態度外，環境教育還強調負責任的環境行為；針對鄉土與國際意識，環境教育強調尊重地區的獨特性，並主張擴大國際的合作，「全球性的思考與地區性的行動」是環境教育的信念；而在終身學習方面，透過對周遭環境的持續關切與行動，環境教育強調的也是終身的投入與學習。

環境教育目標與九年一貫課程

貝爾格勒憲章（Belgrade Charter, 1975）與伯利西（Tbilisi, 1977）國際環境教育會議已經清楚地定義，環境教育之目標在使學生能夠認識而且關懷都市和鄉間有關經濟的、社會的、政治的與生態的相互關係，並經由適當知識、技術、態度、動機及承諾的養成，以建立一種個人、群體和社會整體對環境的新行為模式，解決現今的環境問題，並預防新問題的發生，進而促成永續發展。

環境教育的目標（Environmental Education Goal）：

促使世界人類認識並關切環境及其相關問題，具備適當知識、技術、態度、動機及承諾，個別地或整體地致力於現今問題的解決及預防新問題的發生。

貝爾格勒憲章（Belgrade Charter, 1975）

環境教育目標（Goals of Environmental Education）：

培養意識及關切在都市和鄉間有關經濟的、社會的、政治的與生態的相互關係。

為每個人提供機會去獲得保護環境及改進環境所需要的知識、價值觀、態度、承諾和技能。

為個人、群體和社會整體創造出對環境的新行為模式。

伯利西國際環境教育會議，1977

而具體的環境教育目標（Environmental Education Objectives）包含覺醒、知識、態度、技能、評鑑能力與參與等項目。

1. 覺醒（awareness）：協助個人及社會團體獲得整體環境（total environment）與其相關問題的認識和敏感度。
2. 知識（knowledge）：協助個人及社會團體瞭解整個環境及相關問題，以及人類在環境中所負的責任與扮演的角色。
3. 態度（attitude）：協助個人及社會團體獲得社會價值、對環境強烈的關切感以及主動參與環境保護與改進的動機。
4. 技能（skill）：協助個人及社會團體獲得解決問題的技能。
5. 評鑑能力（evaluation ability）：協助個人及社會團體從生態的、政治的、經濟的、社會的、美學的和教育的因子評鑑環境措施與教育計畫。
6. 參與（participation）：協助個人及社會團體獲得與環境

問題有關的責任感與迫切感，並保證採取適當的行動去解決問題。

至於國民教育九年一貫課程研究小組所研擬的國民教育階段課程目標，則包括：人與自己，強調個體身心發展；人與社會，強調社會與文化；人與自然，強調自然與環境等三個層面。環境教育的目標也明顯的包含人與自己、社會及自然三個層面。環境教育藉由個人對環境問題所應負責任的覺知，積極正面環境態度的養成，然後主動的參與環境行動，以瞭解並促進自我的發展；環境教育的內涵不僅侷限在自然生態保育，人文社會與自然環境的互動也屬於環境教育的範疇，尤其是最近國際所關切的社會正義與環境正義的議題，更將環境教育的目標導向社會層面；至於人與自然的層面，明顯的就是環境教育根本的關切。

環境教育的行為導向與九年一貫課程的基本能力

採用能力指標是九年一貫課程的一個特色，所訂定的十個基本能力分別是：第一，瞭解自我與發展潛能。第二，欣賞、表現與創新。第三，生涯規劃與終身學習。第四，表達、溝通與分享。第五，尊重、關懷與團隊合作。第六，文化學習與國際瞭解。第七，規劃、組織與實踐。第八，運用科技與資訊。第九，主動探索與研究。第十，獨立思考與解決問題。這些能力指標將規範課程內容綱要與評量教學成效。而環境教育是一個非常行為導向的學門，其終極目標就是培養一個具有負責任環境行為（responsible environmental behavior）的公民。貝爾

格勒國際環境教育會議提出的五個環境教育目標內涵：環境覺知、環境概念知識、環境態度、環境行動技能與環境行動經驗，已清楚的說明環境教育除了概念知識與行為技能之外，特別強調覺知的教育與行動經驗的具體實踐，所以能達成基本能力的養成。若學校教學能確實融入以環境的覺知與關切為起點，環境知識的學習為骨幹，環境問題的解決與行動為學習結果的表現，就非常符合九年一貫課程以基本能力為導向的教育改革方向。此次國民教育九年一貫課程綱要研訂的環境教育小組，研擬了環境教育的十個基本能力綱要：探索人與環境的關係，瞭解個人環境價值觀及責任，據以發揮個人的潛能；體驗環境，養成對環境的敏感度，進而追求環境美質；對環境議題終生持續的關切，學習與參與；能溝通、表達與分享環境議題的資訊、觀點與作法；以尊重、關懷的態度，共同合作解決環境議題；認識全球環境議題中之多元文化意義；規劃、組織與採取行動，解決環境問題；對環境議題能主動探索與研究；能診斷環境議題，評估解決方案，解決問題；及善用科技與資訊，解決問題（張子超，民88）。

可融入的環境教育內涵

多科式融入環境教育的教學設計與教材發展，必須完整地包含五個要素，才能落實環境教育的理念與目標。這五個要素分別是環境覺知與對環境敏感度（environmental awareness and sensitivity）、環境知識概念內涵（environmental knowledge）、環境倫理價值觀（environmental ethics）、環境行動技能（environmental action skills）與環境行動經驗（environmental action experiences）。其內涵敘述如下：（Hungerford, et. al, 1979）

環境覺知與環境敏感度

環境覺知與環境敏感度是環境教育的根本，使學生具有環境敏感度和覺知的教學內容可以包括：

1. 感官覺知能力的訓練（觀察、分類、排序、空間關係、測量、推論、預測、分析與詮釋）。
2. 自然環境與人為環境美的欣賞與敏感性。
3. 各種環境破壞及污染的覺知。
4. 覺知環境的變遷（含自然環境與人文社會環境）。
5. 覺知人類行為對自然與人文社會環境造成的衝擊。
6. 覺知人類與環境、自然資源與社會文化都息息相關。
7. 覺知人類應負起的相關環境責任。
8. 覺知人類社會的正常運行是來自於自然資源的供給。

環境知識概念內涵

環境知識概念應該包括以下內涵：

1. 生態學基本概念。
2. 瞭解環境問題（例如，溫室效應、土石流、河川污染、和空氣污染等）及其對人類社會文化的影響。
3. 瞭解人類行為（例如，經濟的、政治的、社會的、文化的）如何影響環境。

4.瞭解我國與國際的環境保護與管理的基本法律與規定。

5.瞭解環境與健康的關係（例如，公共衛生：水、空氣、土壤、垃圾、野生動植物）。

6.瞭解日常生活中的環保機會與行動（資源節約與再利用、簡樸生活、生態設計…）。

7.瞭解環境正義與弱勢族群的議題。

8.瞭解國際環境保護的伙伴關係與發展。

9.瞭解永續發展的涵義，關懷人類世代發展。

10.瞭解自然資源需要長期性的明智規劃與管理。

環境倫理價值觀

環境倫理價值觀的教學與重視培養學生正面積極的環境態度，是環境教育與其他學科最不同之處，環境教育均衡重視認知、情意與行動的教學與學習。

1.能關懷、珍惜環境及各類生物。

2.欣賞和感激自然及其運作系統。

3.欣賞並接納不同文化，關懷弱勢族群。

4.關懷未來世代的生存與發展。

5.積極關切環境、文化、兩性、族群的議題。

6.尊重與澄清環境議題後的不同價值立場。

7.與其他生命的互動過程產生衝突時選擇具有良善的環境倫理道德的判準。

環境行動技能

依據聯合國UNESCO的環境教育計畫，解決環境問題的技能包括以下七項：辨認環境問題、研究環境問題、收集資料、建議可能解決方法、評估可能解決方法、環境行動分析與採取環境行動。

環境行動經驗

將環境行動經驗融入於學習活動中，使教學內容生活化，培養學生處理生活周遭問題的能力，使學生對社區產生歸屬感與參與感。國民中小學實施環境行動經驗的活動可參考以下兩項：

1. 瞭解校園內與地區性之環境議題，對個人、家庭、學校與社區的影響，並經由簡單的觀察、資料收集、實驗、提出解決方案及採取適當行動。
2. 瞭解全國性與國際性之環境議題，對個人、家庭、學校與社區的影響，並經由觀察（或上網）、資料收集、實驗、提出解決方案及採取適當行動。

融入環境教育於九年一貫課程的教學設計與教材發展

環境教育課程的教學設計

　　依據聯合國UNESCO在1985年所主辦的「環境教育併入學校課程的比較調查研究」（A Comparative Survey of the Incorporation of Environmental Education into School Curricula），認為中學階段的環境課程，具有下列特徵（UNESCO, 1985）：問題中心（problem-centered）、價值導向（value oriented）、地球太空船（Spaceship Earth）的教育理念、社區導向（community oriented）、重視學生自發活動、及現在與將來導向（present and future oriented）。

　　環境教育課程可以採行環境議題探索的教學設計，這模式包括：環境議題調查、環境價值分析與澄清、環境行動規劃與執行等教學設計。這個教學模式已有相當多的理論探討與實證研究（王順美，民83；陳富雄、張子超，民88；陳懿鈴，民87；黃朝恩，民84；Ramsey, 1993; Stapp & Wals 1996），其中Hungerford（1992）等學者所提出的教學流程最具完整性。他們針對教導學生探索議題的行動技能和知識提出了一套有系統的學習手冊，其主要理念是在培養具有環境素養（environmental literacy）的公民，使受過訓練的學生都能表現出「負責任的環境行為」。

　　這套學習策略有六個階段，第一是「解決環境問題」，目標在使學生能夠瞭解環境與人的互動關係，並思考環境信念與價值在環境議題中所扮演的角色；第二是「如何著手進行議題

調查」，目標在培養學生搜尋資料並加以處理的能力；第三是「在環境的探索中應用調查和問卷搜集資料」，目標在使學生能夠用「調查法」、「封閉式問卷」、「開放式問卷」等方法搜集環境議題的相關資料；第四是「詮釋資料」，目標在使學生能夠爲眞實的科學資料撰寫結論、推論和建議；第五是「實際進行探索」，讓學生進行實際的探索任務，其步驟依序爲：選擇有興趣的主題；進圖書館找尋該主題的資料；從該主題中找出一個重要的議題；評判性地分析該議題，確認涉及其中的重要相關成員，以及他們的立場、信念和價值；列出本議題中的研究問題；總結已搜集的二手資料；寫信以獲得更進一步的資料，並且訪談能提供資料的有關人員；針對待答的研究問題，規劃搜集資料的策略；設計研究工具；搜集資料；用圖表來組織所得的資料；詮釋得到的資料，並作結論、推論和建議；整理所有探索結果，撰寫議題探索報告；最後在班上報告整個議題探索的經過。第六是「環境行動策略」，其目標在使學生研擬策略並採行適當行動。

此外，自然體驗的戶外教學，也是環境教育常使用的教學設計模式。戶外教育課程設計的方式有下列三種（Rillo, 1985）：

垂直式的結合方式

將一個概括性的主題或基本概念向學生介紹，從幼稚園階段開始，向上延伸至每一個不同的年級。隨著學科內容的增加，亦逐漸加強期深度與廣度。

水平式的結合方式

各學科與戶外活動相互結合，先分析各學科的教學目標和基本概念再選擇與所教授學科基本概念相關的戶外活動進行。

單元模組式

單元模組式（module）從各種不同資料中，設計出適合研習的獨立單元或是一整組相關的單元，作為戶外教學之用。

戶外教學的教學設計可以加入柯內爾（方潔玫，民83；金恆鑣，民86；王家祥等，民86）的自然體驗的內涵與與流水教學法。自然體驗的的五個原則，分別是：少教多共賞（Teach less, share more）；傾聽學員（或遊客）的意見（Be receptive）；掌握學員（或遊客）的注意力，激起眼、耳、鼻、心等的敏銳感官能力（Focus student's attention without delay）；先看、先聽、先體驗、後說（Look and experience first, talk later）；最後讓喜悅的感覺彌漫整個體驗的過程（A sense of joy should permeate）。

「流水學習法」（flow learning）包括四個步驟，依序是：激起熱切的心（Awaken Enthusiasm）、集中注意力（Focus Attention）、直接體驗（Direct Experience）與共享歡欣（啟示、領悟、鼓舞…等）（Share Inspiration）。這四個步驟的落實，才可以提昇教學的品質與成效。尤其是共享歡欣或領悟等等，更是對現行師生單向或雙向溝通教學方式的一種啟發。

環境教育課程的教材發展

環境教育的教材發展可以分成兩個層次說明：以學校或地區為範圍的環境教育課程發展（適用於縣市教育局或學校教學研究小組發展環境教育課程）與各科課程融入環境教育的單元設計（適用於學科授課教師進行融入式環境教育的教學）。發展學校或地區性的環境教育課程教材，應有以下幾個階段（Engleson, 1994; Hungerford & Peyton, 1986）：成立課程發展

小組；籌劃課程發展架構；建立教育哲學、教育目標與課程發展目標；發展環境課程之範圍、順序與組織；編製環境課程；課程試用；課程評鑑；與課程修訂與推廣。而各個課程單元融入式環境課程的課程發展，則應參考以下八個步驟（Engleson, 1994; Hungerford & Peyton, 1986）：選擇適當的環境主題；選定教學科目及單元；發展環境教學目標；編製環境教材內容融入原有教材；發展新的教學過程；增加新的過程技術；增加新的教學資源，以進行新的教學活動；與收集有關活動及建議新的活動主題。

結語

　　融入環境教育的九年一貫課程的教學設計與教材發展，必須考慮含括環境覺知與對環境敏感度、環境知識概念內涵、環境倫理價值觀、環境行動技能與環境行動經驗等五個層面，並做系統化的整合與規劃，而使具有下列幾個特色：強調環境的覺知與敏感度：可以善用戶外教學與戶外自然體驗的教學活動；強調環境倫理與態度的養成——可以經由價值分析與價值澄清的教學歷程，探討人與環境的互動關係；強調科際整合——以環境為議題的情境，綜合各個學習領域，進行課程的編定與教學的設計；國際觀與地區意識的兼顧——可以應用鄉土環境教學與國際環境議題的教學；與強調環境行動——以生活中的議題著手，以實際的行動呈現，使學習的成果具體化及實用化。

參考書目

中文部份

方潔玫譯（民83）：《共享自然的喜悅》（*Sharing the Joy of Nature,* by Joseph Cornell），台北：張老師文化事業有限公司。

王家祥等譯（民86）：《與孩子分享自然》（*Sharing Nature with Children,* by Joseph Cornell），台北：張老師文化事業有限公司。

王順美（民83）：解決環境問題教學模式之探討。《環境教育季刊》。台北，22期，38-45。

金恆鑣譯（民86）：《傾聽自然》（*Listening to Nature,* by Joseph Cornell），台北：張老師文化事業有限公司。

張子超（民88）：國民教育九年一貫課程與融入環境教育之研究。《中華民國八十八年度環境教育研討會論文集》。台北市立師範學院，59-62。

陳富雄、張子超（民88）：以環境議題探討方式進行鄉土教學活動之行動研究。《中華民國八十八年度環境教育研討會論文集》。台北市立師範學院，109-112。

陳懿鈴（民87）：大學通識課程實施環境議題探索教學之研究。《中華民國八十七年度環境教育研討會論文集》。國立台中師範學院，233-239。

黃朝恩（民84）：環境議題分析與教學。《環境教育季刊》。台北，27期，20-33。

英文部份

Engleson, D. C. (1994). *A Guide to Curriculum Planning in Environmental Education*. Wisconsin: Wisconsin Department of Instruction.

Hungerford, H. R., Litherland, R. A., Peyton, R. B., Ramsey, J. M., & Volk, T. L.(1992). *Investigating and Evaluating Environmental Issues and Actions: Skill Development Modules*. Illinois: Stripe Publishing Company.

Hungerford, H. R. & Peyton, R. B. (1986). *Procedure for Developing an Environmental Education Curriculum*. UNESCO: Paris.

Hungerford, H. R., Peyton, R. B. & Wilke, R. J. (1979).Goals for curriculum development in environmental education. *Journal of Environmental Education*, 11(3).

Ramsey, J. M. (1993). The effects of issues investigation and action training on eight-grade students' environmental behavior. *Journal of Environmental Education*, 24(3).

Rillo, T. J. (1985). *Outdoor Education: Beyond the Classroom Walls*. Bloomington, Indiana: Phi Delta Kappa Education Foundation.

Stapp, W. B. & Wals, A. E. (1996). An action research approach to environmental problem solving. *E. E. Reference Collection*. Iowa: Kendall/Hunt Publishing Company.

UNESCO-UNEP, (1976). The Belgrade Charter. *Connect* I(1).

UNESCO-UNEP, (1978). The Tbilisi Declaration. *Connect* III(1).

九年一貫課程之展望　　Classroom 2

主　　　編☞中華民國課程與教學學會
出　版　者☞揚智文化事業股份有限公司
發　行　人☞葉忠賢
責任編輯☞賴筱彌
登　記　證☞局版北市業字第 1117 號
地　　　址☞台北市新生南路三段 88 號 5 樓之 6
電　　　話☞(02)23660309　23660313
傳　　　真☞(02)23660310
法律顧問☞北辰著作權事務所　蕭雄淋律師
定　　　價☞新台幣 250 元
印　　　刷☞偉勵彩色印刷股份有限公司
初版一刷☞1999 年 7 月
網　　　址☞http//www.ycrc.com.tw
ＩＳＢＮ☞957-818-022-5
E-mail☞tn605547@ms6.tisnet.net.tw.

南區總經銷☞昱泓圖書有限公司
地　　　址☞嘉義市通化四街 45 號
電　　　話☞(05)231-1949　231-1572
傳　　　真☞(05)231-1002

國家圖書館出版品預行編目資料

九年一貫課程之展望 / 中華民國課程與教學學
會主編. --初版.---臺北市：揚智文化,
1999[民 88]
面；公分　　　　　(Classroom ； 2)
含參考書目
ISBN 957-818-022-5 （平裝）
　1.義務教育-課程-臺灣-論文,講詞等

　　523.407　　　　　　　　　　88007442